# 社協・行政協働型
# コミュニティソーシャルワーク
―― 個別支援を通じた住民主体の地域づくり ――

田中英樹、神山裕美 = 編著

中央法規

# はじめに

　本書を手にした多くの皆さんは、コミュニティソーシャルワークという言葉をよくご存じでしょう。しかし、一般の人々はこの外来語が何を意味しているのかよくわからないと思います。社会福祉分野でお仕事をされている方は、ソーシャルワークという福祉専門職やその用いる援助技術のことだと何となく想像がついているかもしれません。それでもコミュニティがソーシャルワークの前についているために、従来の福祉専門職または福祉援助技術とは少し違うのかなと考えるでしょう。

　コミュニティソーシャルワーク（以下、本書ではそれを用いる福祉専門職も実践も「CSW」と表記しました）という言葉自体はイギリス（バークレイ報告：1982年）で生まれました。イギリスでは19世紀の半ば頃からセツルメント活動などで地域ケアを担う、今日でいうコミュニティソーシャルワーカーが活躍していましたから、長い実践の歴史があります。わが国では、1950年代からソーシャルワーカーとよばれる専門職は病院や一部の相談機関で仕事をしていましたが、国家資格化はされていませんでした。またその業務もアウトリーチではない「受理面接」から対応する個別援助が中心でした。ソーシャルワーカーが国家資格化されたのが、1987年の社会福祉士及び介護福祉士法、1997年の精神保健福祉士法の制定からですので、それほど古いことではありません。しかも当時の福祉の現場は、施設や病院が中心であって、地域ではありませんでした。地域にある公的な相談援助機関、例えば福祉事務所、児童相談所、子育て支援センター、地域保健センター、保健所なども対象属性別の施策で設置され、もっぱら専門的な制度や属性別の専用資源につなげる仕事が中心で、福祉専門職の配置も少なく、機関間の連携も不十分でした。

　地域福祉が社会福祉の中軸に大きく登場してきたのは、社会福祉施策が計画行政に参画した1990年の社会福祉八法改正からです。当時は平成時代の幕開けであり、バブル経済の頂点でしたが、少子高齢社会の到来だけではなくその後のバブル崩壊やリーマンショック（2008年）などを背景に、社会格差が広がり噴出する生活困難に福祉制度の整備が追

いつかない状況が発生しました。リストラ、派遣切り、多重債務、ホームレス、外国人労働者の生活問題、毎年3万人を超す自殺、社会的孤立や孤立死、貧困や不安定就労の拡大、被生活保護人員の増加、いじめ、児童虐待、不登校、ひきこもり、DV被害、アルコールや薬物依存、認知症高齢者など21世紀のはじまりは、家族機能の縮小と地域における相互扶助機能の弱体化がはっきりしてきました。そのため、従来の救済・選別型福祉の限界が明確となり、予防・普遍型福祉への模索がはじまったのです。

　国はこうした福祉ニーズの増大に対応するため、公的介護保険制度の創設をはじめ、民間や地域の支え合いの力も結集して次々と福祉施策の整備を図ってきました。それでも人々の生活の困難は一向に減らず、決め手となる有効打を打ち出せずにきました。そこに登場してきたのがCSWという地域基盤の福祉専門職です。CSWは、個別の支援活動を通じて、誰にとっても暮らしやすい地域を目指して地域とのつながりを重視し、住民とともに地域づくりを志向した実践を行う福祉専門職です。詳しくは本書で述べられますが、ここ数年の各地でのCSWの登場は全国で注目されるようになりました。

　豊島区では2008年度から法定計画である地域保健福祉計画（2009年3月策定）を、そして豊島区民社会福祉協議会では2011年度から地域福祉活動計画『豊島NICEプラン』を策定し、CSWの地域配置を計画的に整備することを決め、2009年度からモデル事業でCSWを配置、2012年度から本格配置をしてきました。住民や区議会の理解もあって2018年度末現在で、豊島区民社会福祉協議会が定めた8圏域に専任配置（「地域区民ひろば」に常駐）されたCSWは18名、本所での特定業務担当CSWを含めると25名の体制をつくりました。この社協・行政協働型のCSWがなぜ実現できたのか、ここ2、3年に多くの自治体と市区町村社会福祉協議会から視察や問い合わせが寄せられるようになりました。そこで、豊島区のCSW配置の経験（紆余曲折を含めて）をありのまま世に知らせて少しでもCSWを全国に増やしたい、各自治体や

社会福祉協議会をはじめ地域福祉にかかわる人々に参考にしていただきたいとの願いから本書を上梓することとしました。

　本書の構成は、序章、本論 6 章で構成されています。序章では、利用者とともに、生活の場でのケアと資源開拓を進める CSW について、市町村社会福祉協議会の切り口から論述しました。第 1 章は、地方福祉行政と社会福祉協議会のパートナーシップを社会福祉協議会の立場から考察しました。第 2 章は、行政の立場から CSW を自治体が専任配置で施策化する戦略と技法という視点から第 1 章を補完しました。第 3 章は、多くの現場 CSW 職員が書き手になり豊島区における CSW の実践事例を紹介しました。第 4 章は、CSW の主な役割と自己評価を整理して示しました。第 5 章は、CSW の成長・実践力を高める方法と題したスーパービジョン論です。そして終章の第 6 章では、「そして、これから」という未来展望を表明しました。

　私たちの経験や到達点もまだ途中経過にすぎません。多くの成果も得ましたが、克服すべき問題も多々あります。これからも予想のできない困難や課題にも遭遇するに違いありません。しかし、私たちが主体的に選択できる未来は希望に満ちた力強いものでありたいと思っています。今後、全国で CSW の大規模な配置と実践が広がることを期待しています。本書がその一助になれば心から幸甚に思います。

編著者　　田中英樹<br>神山裕美

# 目次

はじめに

## 序章 生活の場でのケアと資源開拓を進めるCSW

### 第1節 CSWの実践と考え方 …… 2
1 バークレイ報告 …… 2
2 日本での先駆者的実践 …… 2
3 日本型CSWと大橋謙策による定義 …… 4
4 CSWの構造的定義 …… 4
5 オーダーメイド的な個別ニーズと制度という既製服 …… 5
6 個別・特殊なニーズから共通・普遍的なニーズを取り出す …… 6
7 専門職と非専門職の結合 …… 7

### 第2節 CSW誕生の歴史的社会的背景 …… 9
1 市町村社会福祉協議会の変化と地域福祉の実体化 …… 9
2 福祉ニーズの噴出・増大 …… 14

### 第3節 「新たな」支え合い─四つの源泉 …… 17
1 ボランティア活動の動向 …… 17
2 「新たな」支え合いの担い手 …… 18

### 第4節 CSWのはたらきと専門性 …… 21
1 CSWの機能と力量 …… 21
2 「ひきこもり」と「ごみ屋敷」 …… 21
3 「ひきこもり」の登場 …… 22
4 「ひきこもり」へのCSWの支援 …… 24
5 「ごみ屋敷」の曖昧さ …… 25
6 「ごみ屋敷」の原因についての仮説 …… 26
7 専任配置とシステム構築の必要性 …… 27

# 第1章 地方福祉行政と社会福祉協議会のパートナーシップ

## 第1節 CSW事業の主体形成 ……… 30
1 CSW事業の「わかりにくさ」について ……… 31
2 CSW事業を誰が担うのか？ ……… 33
3 3年間のモデル事業の経験と教訓 ……… 37
4 行政にとって欠かせない「費用対効果」の評価 ……… 38

## 第2節 「CSW」の誕生 ……… 40
1 行政職員活用という陥穽 ……… 40
2 CSW事業の「主体形成」の変遷を歴史的に見てみる ……… 41
3 区民の心を捉えた4つのミッション ……… 42
4 社会福祉協議会と地域福祉の「主体」性 ……… 45
5 地域区民ひろばへの常駐体制 ……… 46

## 第3節 地域に生きるCSW ……… 51
1 地域とともに ……… 51
2 CSWは、何ができなければならないか？ ……… 52
3 2009〜2018年度の豊島区民社会福祉協議会の
　CSW事業を振り返る ……… 53

## 第4節 豊島区民社協の名称変更 ……… 56
1 見える化〜「何でもさん」と呼んでもらえる存在に ……… 57
2 社会福祉協議会は何者 ……… 58
3 区民が主役の「新たな助け合い」へ ……… 60

## 第5節 震災支援とその効果 ……… 62
1 被災者支援 ……… 63
2 地域支援 ……… 64
3 CSWの被災地派遣 ……… 65
4 被災者サロンの開設など ……… 65

## 第6節 学習支援のはじまり ……… 67
1 要援護家庭の子どもに対する学習支援の必要性 ……… 67
2 ひまわり学習会、ちゅうりっぷ学習会等の発足 ……… 68
3 学習支援ネットワーク化の試み ……… 70

## 第 2 章　CSWを自治体が専任配置で施策化する戦略と技法

**第 1 節　予算** ………………………………………………………………………… 74
　　1　CSW 検討前史 …………………………………………………………… 75
　　2　CSW 予算措置への技法 ………………………………………………… 77

**第 2 節　配置計画と CSW の意義** …………………………………………… 79
　　1　配備の実現までの「行きつ戻りつ」 …………………………………… 79
　　2　コミュニティソーシャルワーク事業連絡会作業部会 ……………… 82

**第 3 節　圏域設定（包括圏域）と常駐という価値** ………………………… 85
　　1　地道ながら生活課題の発見と解決につながった実例 ……………… 85
　　2　豊島区の「区民ひろば」という拠点の特性 …………………………… 88
　　3　部局間調整・連携の重要性 …………………………………………… 90

**第 4 節　時代のニーズを追い風にする** ……………………………………… 94
　　1　「セーフコミュニティ」の取り組みと CSW ………………………… 94
　　2　子どもへの支援を通じた活動の広がり ……………………………… 95

**第 5 節　「個人情報」取り扱いに関する課題** ……………………………… 98
　　1　個人情報保護審議会への諮問 ………………………………………… 98
　　2　「委託」から「補助」へ、「補助」から「委託」へ ………………………… 99

**第 6 節　『屋上屋』論への説明責任** ………………………………………… 102
　　1　他の福祉サービスとの違いや共通性を伝える努力 ………………… 102
　　2　類似制度に比較した独自性の検討例 ………………………………… 102
　　3　専門職という価値の共有 ……………………………………………… 104

**第 7 節　切れ目のない支援のために** ………………………………………… 105
　　1　なぜ社会福祉協議会か ………………………………………………… 105
　　2　「右往左往、微修正はしても、絶対に後退はしない」 ……………… 106

# 第3章 CSWの実践論 豊島区の事例から

## 第1節 豊島区民社会福祉協議会CSWの日常 ………… 111
1 CSW配置経過と配置場所 ………… 111
2 CSWの活動 ………… 113
3 CSWを取り巻くコミュニティネットワーク ………… 121

## 第2節 実践事例 ………… 125
1 事例 その1
父親の急逝により一人暮らしとなった
軽度の障害が疑われる娘への支援 ………… 125
2 事例 その2
母親の介護のために離職した
息子の社会とのつながりづくりや就労へ向けた支援 ………… 130
3 事例 その3
外国にルーツをもつ子どもへの地域における支援 ………… 136
4 事例 その4
分譲マンションのごみ屋敷へのかかわりから、
地域住民の意識が「他人ごと」から「我が事」へ変化した事例 ………… 140
5 事例 その5
「支え手」と「受け手」に分かれない"おたがいさま"の
地域活動への展開（きんぎょサロン） ………… 146
6 事例 その6
社会的孤立を防ぎ、つながりをつくるための町会による
見守り活動（池袋本町一丁目町会地域見守り検討会） ………… 151
7 事例 その7
自宅を活用したサロン活動（サロンさんぽ道） ………… 154
8 事例 その8
特別養護老人ホームの地域交流スペースでの世代間交流の場
（「せんかわ」ふるさとひろば） ………… 157
9 事例 その9
お寺における地域活動（新大塚みんなの広場） ………… 163

## 第3節 区全域における取り組み ………… 166
1 区民ミーティング ………… 166
2 地域福祉サポーター ………… 169
3 区内社会福祉法人による「福祉なんでも相談窓口」 ………… 173
4 サービスラーニング（大学との連携） ………… 178

## 第 4 章　CSW の主な役割

- 第 1 節　個別相談・支援の役割 …………………………………… 183
- 第 2 節　地域の実態把握 ………………………………………… 186
- 第 3 節　支援活動を興す、支える ………………………………… 187
- 第 4 節　福祉意識の醸成 ………………………………………… 189
- 第 5 節　地域のネットワークづくり ……………………………… 191
- 第 6 節　CSW 機能を活かした組織体制 …………………………… 192

## 第 5 章　CSW の成長・実践力を高める方法

- 第 1 節　**CSW の専門性と実践力** ………………………………… 194
  - 1　ソーシャルワークの源流から学ぶ ……………………………… 194
  - 2　CSW を育てるしくみ …………………………………………… 196
  - 3　CSW が向き合う地域社会 ……………………………………… 200
- 第 2 節　**豊島区の CSW 配置とキャリア形成のプロセス** ………… 203
  - 1　CSW とアドバイザーの配置 …………………………………… 203
  - 2　初年度（2009 年）の CSW 配置で生じたこと ………………… 203
  - 3　手探りでモデル事業 2 年目 …………………………………… 207
  - 4　3 年目はモデル事業後の戦略 ………………………………… 209
  - 5　4 年目は CSW が 3 圏域 6 名に ……………………………… 210
  - 6　5 年目は CSW が 4 圏域 8 名に ……………………………… 211
  - 7　効果的な CSW の配置とキャリア形成に向けて ……………… 212
  - 8　まとめ ………………………………………………………… 215
- 第 3 節　**CSW のスーパービジョンの視点と枠組み** ……………… 217
  - 1　豊島区の CSW 実践と展開システム …………………………… 217
  - 2　CSW の個別支援と地域支援の連続性と循環 ………………… 218
  - 3　CSW スーパービジョンのポイント …………………………… 220
  - 4　スーパービジョンと事例検討会 ……………………………… 222

第 4 節　**CSWの成長を支えるスーパービジョンとそのシステム** …… 223
　　1　モデル事例検討会の方法 …………………………………………… 223
　　2　9事例の分類 ………………………………………………………… 224
　　3　スーパービジョンの留意点と具体的質問例 …………………… 224
　　4　CSW人材養成のスーパービジョン・システムの開発 ………… 227
　　5　考察 …………………………………………………………………… 229
　　6　CSWの実践力を高める課題 ……………………………………… 230

## 第 6 章　そして、これから

第 1 節　**コミュニティソーシャルワーク・フォーラムの開催** ………… 236
第 2 節　**地域保健福祉計画の改定** ……………………………………… 238
　　1　地域保健福祉計画の改定 ………………………………………… 238
　　2　区政の進展 ………………………………………………………… 238
　　3　地域保健福祉を取り巻く状況 …………………………………… 240
　　4　区民の実態把握 …………………………………………………… 240
第 3 節　**豊島区版「地域共生社会」の実現に向けて** ………………… 244
　　1　豊島区版「地域共生社会」 ………………………………………… 244
　　2　区民の支援ニーズに目を向けた目的別の施策体系 …………… 244
　　3　豊島区の特性を踏まえた連携と協働による地域保健福祉の推進 … 245
　　4　区としてCSWに求めること ……………………………………… 246
第 4 節　**CSWの発展に向けて** …………………………………………… 249
　　1　CSWの展開 ………………………………………………………… 249
　　2　人づくり …………………………………………………………… 249
　　3　環境整備 …………………………………………………………… 250

資料 …………………………………………………………………………… 253
おわりに
編著者・執筆者紹介

序章

# 生活の場でのケアと
# 資源開拓を進める CSW

# 第1節 CSWの実践と考え方

## 1 バークレイ報告

　コミュニティソーシャルワーク（以下、「CSW」）という概念を最初に提唱したのはイギリスのバークレイ報告（1982年）であった。その内容を概説すると、第一に、CSWは地域に着目し、そのエネルギーに焦点をあてながら、個人および家族の現在あるソーシャルケアニーズに応え、時には唯一のカウンセリングサービスの提供者になるとともに、同時にサービス利用者を支える親類、近隣、ボランティア等のソーシャルケアネットワークづくりを行い、かつ将来同じようなことが起きないよう対応策を考えた活動を統合的に行うことである。第二に、CSWはインフォーマル・ケアを十分に考慮に入れて、公的サービス、民間サービス等との間にパートナーシップをもつこと、またそれらフォーマルソーシャルサービス組織とインフォーマル・ケアネットワークとのパートナーシップを重視し、それらのサービスを動員するソーシャルケア計画に基づいて融通性のある地方分権型のシステムをつくり、実践することを考え方の基本にしている。

## 2 日本での先駆者的実践

　しかし、イギリスでもそうであったように、その実践はわが国のいくつかの自治体でもすでに実践されていた働きである。1960年代から1970年代初めにかけて保健所に配置された精神衛生相談員（現、精神保健福祉相談員）たちの活動である。川崎市、横浜市、神奈川県、大阪府、新潟県、香川県などの保健所には精神障害者を支援する福祉専門職が配置された。筆者もその一人である。

　精神衛生法の改正（1965年）以来、当時の保健所における精神衛生

活動は、精神障害の予防、早期発見、早期治療、社会復帰という公衆衛生という制約のもとで、個別対応が業務の中心であった。しかし、その実態は、精神科病院への受診勧奨であり、地域での再発防止を主目的とした疾病管理が大半であった。結核の地域における疾病管理と大差のない活動であった。精神衛生相談員として採用された社会福祉職（ソーシャルワーカー）は、大学でクライエントの権利擁護や自己決定などの理念とともにソーシャルワーク（主にケースワーク）を学び、その技術を用いてクライエントのニーズに沿ってその生活上の困難を解決することを志向していた。しかし、現実の業務はその多くが治療優先で、生活支援はおまけにすぎなかった。

　この矛盾にいち早く気づいた精神衛生相談員たちは、加納[1]が述べているように疾病管理中心の個別支援業務に飽き足らず、保健所デイケア、仲間づくり、地域での居場所づくり、居住や就労支援のしくみづくり、社会啓発活動など、個別支援の展開から地域づくり、地域基盤の実践を次第に志向していった。多くの精神障害者は、少なくとも当時は、自宅と病院以外に在る場所も、行く場所もなかったのである。成人しても家でも社会でも役割は与えられなかった。何回かの再発・再入院を経て、家族に見捨てられ単身化し、働くことも病気によくないとみなされ、生活保護の枠内で無権利無役割のまま社会にひっそり棲む存在でしかなかった。ソーシャルワーカーの多くが、こうした精神障害者の生活支援に競うようにさまざまな支援を地域に生み出していった。SHG（自助グループ）、地域家族会、デイケア、憩いの家、共同作業所、グループホーム、精神保健ボランティアの募集や養成、職親会、地域啓発のイベントなどである。

　筆者も、面接や電話や訪問活動を主とした利用者の個別支援を担いながらも、支援の仲間を地域に増やしながら、ソーシャルクラブ、職親会、精神保健ボランティアの会、関係者のネットワーク、認知症者を抱える介護者の会などを組織化し、保健所デイケア、地域作業所、グループホーム、認知症者を対象とした地域デイケア、都市型特別養護老人ホームな

どの資源を地域内に開発する仕事に奔走した。これらの実践は、個別支援と区別されるコミュニティワークとは文脈が異なる。コミュニティワークは個別相談のあるなしに関係なく、住民誰しもが暮らしやすい地域コミュニティを形成していくうえで必要なことであり、個々の事例性が必ずしも出発点ではない。

## 3 日本型CSWと大橋謙策による定義

さて、バークレイ報告が述べる「カウンセリング」と「ソーシャルケアプランニング」は、その後わが国では大橋謙策が1990年代から提唱し、バークレイ報告以後に発展したエンパワメントアプローチ、ストレングスモデルのケースマネジメント、ICF（国際生活機能分類）、福祉教育、地域福祉（活動）計画、市町村基盤の地域福祉活動の広がりなどを取り込んだ日本型CSWを提唱し、今日に至っている。

## 4 CSWの構造的定義

大橋は、CSWとは「地域に顕在的に、あるいは潜在的に存在する地域住民の生活上のニーズを把握し、それら生活上の課題を抱えている人や家族との間にラポート（信頼関係）を築き、契約に基づき対面式（フェイス・ツー・フェイス）によるカウンセリング的対応も行ないつつ、その人や家族の悩み、苦しみ、人生の見通し、希望等の個人因子とそれらの人々が抱える生活環境、社会環境のどこに問題があるかという環境因子に関して分析、評価（アセスメント）し、それらの問題解決に関する方針と解決に必要な支援方策（ケアプラン）を本人の求めと専門職の必要性との判断を踏まえて、両者の合意で策定し、その上で制度化されたフォーマルケアを活用しつつ、足りないサービスに関してはインフォーマルケアを創意工夫して活用する等必要なサービスを総合的に提供するケアマネジメントを手段として活用する援助を行なう。それらの個別援

助過程を重視しつつ、その支援方策遂行に必要なインフォーマルケア、ソーシャルサポートネットワークの開発とコーディネート、並びに"ともに生きる"精神的環境醸成、福祉コミュニティづくり、生活環境の改善等を同時並行的に推進していく活動及び機能がコミュニティソーシャルワークである」と構造的に定義した[2]。本書はこの定義に準拠することとする。

## 5 オーダーメイド的な個別ニーズと制度という既製服

筆者は「支援が必要な人々の個別的ニーズの解決や生活の再建を目標に、チームアプローチでのかかわりや地域ネットワークを形成し、ニーズの普遍性に着目し、必要な資源の開発を進めるなど、地域の解決基盤を高め、同じようなニーズ発生の予防・早期発見・早期対応をしやすくするとともに、誰もが住みやすい地域づくりを志向した総合的な福祉援助実践である」と理解する。

この考え方を若干解説しておきたい。まず、個別のニーズとは何かである。エコロジカルソーシャルワーク理論では、ニーズは「人と環境との間で生じる相互作用」である。人と環境の接合面で何らかの不適応な状態を生じたとき、その人へのマイナスの影響もしくは矛盾（摩擦熱のようなもの）をニーズととらえている。このニーズの解決には、本来であればマイナスの影響は環境にも生じるものであるゆえに、環境へのはたらきかけも不可欠であるが、個別支援の枠内ではその志向性は守備範囲から外れている場合が多い。そのため、同じような問題が生じた（ニーズがもち込まれた）場合は、支援はまたはじめからスタートする。ケースワークでいう個別性の重視である。この個別性が集積された結果、換言すれば個別ニーズが全国に広がり社会問題化したときに制度（法律や条例に基づいた事業やサービス）という大きな資源が生まれる。しかし、ニーズは制度が整備されていなくても日々生み出される。また、たとえ制度が整備されたとしてもニーズの個別性にマッチしているとは限らな

い。ニーズはオーダーメイドであり、制度という既製服ですべてを充足するには無理が生じる。そこに援助する人、ソーシャルワーカーが必要となるのである。

## 6 個別・特殊なニーズから共通・普遍的なニーズを取り出す

　では、個別・特殊なニーズからその共通・普遍的なニーズをいかにして取り出すのか、を考えてみよう。すべての事物がそうであるように、ニーズにも使用価値と交換価値がある。使用価値が個別・特殊なニーズであり、交換価値が共通・普遍的なニーズである。多くの場合、木を見ていても、林や森を見ていない場合、ニーズの共通・普遍性は見ることができない。日常の支援では、ニーズはソーシャルワーカーとの関係性や時間経過（諦めの受容）で充足や解決に向かう場合もあれば、何らかの手当（ケアやサービス）をあてがい、対応することで充足や解決に向かう場合がある。前者はそれほど多くはなく、後者が一般的である。しかし、制度という資源が整備されていない場合はどうするのか、代替的な資源をあてがうしかないのである。その多くは地域でインフォーマルな資源（例えば、ソーシャルサポート）であるが、個別の特殊なニーズに応える専門資源ではなく、ごく一般的に存在する資源を活用することになる。

　CSWを構造的に述べると、個別ニーズの分析から、即求められる充足ニーズだけでなく、集積や代替可能な交換ニーズを発見する機能法的分析を出発とする。そこで、交換ニーズから求められる地域課題に収斂し、資源を開拓し、個別ニーズの予防に役立てる演繹法的対応をする。このプロセスは、循環的に行われる。

## 7 専門職と非専門職の結合

　CSWの特徴は、①個別化と脱個別化の統一、②地域基盤の援助展開、③パーソナルアセスメントとコミュニティアセスメントの連結、④専門職と非専門職の結合によるチームアプローチへの発展、⑤予防的なアプローチの重視、⑥援助システムの一要素から総合的援助システムの再構築へと6点にまとめているが、他書[3]で述べているのでここでの詳しい説明は割愛する。ただ、専門職と非専門職の結合によるチームアプローチについてのみ言及しておきたい。加納は、精神障害者支援に限ってではあるが、残念ながらと断りを述べたうえで、「現段階では考えにくい」としている。果たしてそうであろうか。ほかにも刑余者の支援などさまざまな支援で確かに事例性のもつ守秘義務が多くあることも事実であるが、当事者の同意（自己開示の範囲を定め、確認のうえ）を基本に、最小限で個別援助のチーム構成員を地域でつくる場合でも非専門職である民生委員・児童委員、不動産屋、精神保健福祉ボランティアなども参加できるし、時には職場の同僚や地域の隣人（となりびと）も参加する場合がある。精神障害者を地域で支えるには、まず病気や障害よりも一市民として見る構えが必要と考える。

　CSWの概念を補足すれば、筆者のCSW理論では、ストレングスモデルの考え方が中軸となっている。ストレングスモデルは、クライエントの病理や欠陥のみに焦点をあてる診断ではなく、クライエントの長所や潜在能力、強みに焦点をあて、またクライエントを取り巻く環境や機会やごく一般にある社会資源に着目し、その部分に依拠し、はたらきかける。ストレングスモデルの考え方では、クライエントはもちろんのこと環境が有するストレングスを積極的に活用し、目標が達成されていく自立的で肯定的な過程の影響は、クライエントの生活だけでなく他の支援者や地域社会との関係性にも広がり、結果として生活の質の向上や良好な関係性が保たれることになるのである。

　ここで、ストレングスモデルの6原則も紹介しておきたい。

**原則1**：クライエントはリカバリーし、彼らの生活を改善し質を高めることができる。
**原則2**：焦点は病理ではなく個人の強さである。
**原則3**：地域は資源のオアシスである。
**原則4**：クライエントは支援プロセスの監督者である。
**原則5**：ケースマネジャーとクライエントの人間関係が根本であり本質である。
**原則6**：われわれの仕事の場所は地域である。
　これらの原則はCSWにとってもほとんど当てはまることがわかる。

# 第2節 CSW誕生の歴史的社会的背景

　ここでは、イギリス発のCSWがわが国でどのような背景から導入され、今日の発展に至ったのかを明らかにしておきたい。

## 1 市町村社会福祉協議会の変化と地域福祉の実体化

### 1 「運動型社協」

　戦後、地域福祉を担う機関・施設・団体・人材といえば、自治体直営の福祉事務所や児童相談所を除くと、市町村社会福祉協議会と市町村共同募金会、そして民生委員児童委員程度しかなかった。地域福祉は福祉のメインストリームどころか、公的扶助、児童福祉、身体障害者福祉、知的障害者福祉、老人福祉、女性福祉、医療福祉等々の各分野から見れば、「その他の福祉」の位置でしかなかった。

　1952年の厚生省通知「小地域社会福祉協議会組織の整備について」以来、市町村社会福祉協議会が次々と法人化していく1970年代までは、自治体の庁舎・役場に事務所があるところが多く、職員は少なく、仕事量もさほどではなかった。会長は自治体の首長が兼務し、なかには常務や事務局長も福祉部局の兼務や派遣なども多く、行政依存体質は拭えなかった。毎年10月からはじまる「赤い羽根」共同募金活動、12月からはじまる年末助け合い募金活動、民生委員児童委員を中心とした心配ごと相談窓口、小中学校での福祉教育、地域の福祉施設や関係機関を集めての定期的な代表者会議、地域の福祉大会での表彰が平均的な市町村社会福祉協議会の活動であった。

　しかし意欲的な市町村社会福祉協議会では、公害問題や保育所不足問題などの高まる生活福祉要求を背景に1960年代から住民の生活ニーズ把握、必要な資源開発、対自治体交渉や請願署名、陳情運動などコミュニティワークやソーシャルアクションが盛んなところもあった。この時

代の先進的な社会福祉協議会の活動は後に「運動型社協」と評された。

1970年代に入ると、1971年に全国社会福祉協議会は、市町村社会福祉協議会の法制化を厚生省に陳情し、1975年に法制化され、その後、「運動型社協」は下火となっていった。それでも世論の後押しもあって、1970年代から1990年代までは、ようやく不足していた福祉施設の整備も強化されてきた。その後半1980年代から1990年代にかけては、対象属性別に施設や手当中心でサービスを整備してきた福祉政策の限界が次第に課題視されるようになり、高齢化社会の到来を背景に在宅福祉サービスの重視へ、政策の転換が迫られるようになってきた。

## 2 「事業型社協」

全国社会福祉協議会は、早くも1979年『在宅福祉サービスの戦略』を刊行し、1992年には「新・社会福祉協議会基本要項」を明らかにした。この10余年によって、ようやく地域福祉は実体化してきた。その契機になったのが戦後の大きな福祉改革である1990年の社会福祉八法改正である。コペルニクス的転換（大橋謙策）[4]とも評されるこの改革は、救貧的福祉から普遍的福祉への転換、施設福祉中心から在宅福祉（法定化）への転換、サービス提供においても県中心から市町村重視への転換、ノーマライゼーションの視点（地域住民の理解と協力）、社会福祉サービスの計画的推進（老人保健福祉計画策定の義務化から、その後もすべての分野での計画行政の推進）などが進められていく。

こうして地域福祉は社会福祉の中軸に押し出されていった。ホームヘルプサービス、デイサービス、ショートステイサービスという在宅福祉の3本柱が重視され、ほとんどの市町村社会福祉協議会は地域での資源整備を重点に掲げ、「事業型社協」が提唱された。同時に、地域には、さまざまな相談センターと通所型施設が誕生してきた。住民参加型在宅福祉サービス組織、NPO法人の誕生、各種の協同組合、ワーカーズ・コレクティブ、セルフヘルプグループ、ボランティアグループ、株式会社の参入など多様な主体が地域福祉の推進と提供に参入し、地域福祉の

基盤が形成されてきた。

## 3 CSWという用語の登場

　CSWはこうした地域福祉をさらに前に進めるために1990年に開かれた「生活支援事業研究会」（座長：大橋謙策）（厚生省社会局保護課）で初めてわが国に紹介された。同報告書では、「地域における多様な社会福祉ニーズの把握（キャッチ）システムの確立と家族や地域社会全体を捉えたコミュニティソーシャルワークの必要性」にふれ、CSWは「どのような生活上の諸問題であっても相談に応じて、生活環境の分析等をとおして問題の所在を明らかにし、トータルケアをコーディネートすべき」と述べた。さらには、「自ら直接援助活動を行う他、関係機関や社会資源等とのコーディネート、オーガナイズを行う中核となる専門職員（以下、「地域福祉推進員」という。）を配置する必要がある」「地域福祉推進員は、高い専門性を求められることから将来的には原則として社会福祉士資格を有することが望ましい」と控えめに表現している。わが国ではCSWという用語が登場したのは、この報告書が初めてである。

　この方向性は、1991年から全国の市町村社会福祉協議会のモデル地区ではじまった「ふれあいのまちづくり事業」として政策化され、推進されていった。しかしながら、この事業はCSWを形づくるまでには至らなかった。その原因は国の補助金という制度的な制約（福祉への公的財源不足の結果、含み資産として家族や地域住民に丸投げする日本的な政策の限界）にあったが、市町村社会福祉協議会での社会福祉士の配置がほとんど進んでいなかった（全職員の1％以下）こともあって、地域の多様な専門職をコーディネートする力量が全くなかったこと、ケアマネジメントがまだ十分に機能していなかったことなど、主に個別ケアの力量不足によるところが多かった。1996年7月17日の厚生省社会・援護局長からの通知では、「ふれあいのまちづくり事業」のA型事業に地域福祉活動コーディネーターを配置するとされたが、その要件や専門性についてはふれられていなかった。

2000年にはじまった介護保険事業を契機として、市町村社会福祉協議会は介護保険サービスを積極的に展開し財政を拡大し、全国の社協職員は大幅に増えてきた。これにより市町村社会福祉協議会は福祉教育、ボランティア活動、福祉文化など非収益部門よりも介護保険事業、補助・委託事業、独自の収益事業に傾斜し、非収益部門でも高齢者支援が重点とされ、子どもや障害者など全方位の活動や弱まっていった。

　地域福祉を推進する社協本来の目的が、地域福祉を提供する事業者の一員かと思われるほど変化していった。こうして「事業型社協」は、介護保険サービスをはじめとする国や自治体から補助や委託を受託して事業のみをする社協のように形骸化してきた。おりしも時代は、「措置」から「契約」に移行してきたこともあり、介護保険導入を契機に福祉サービスのしくみも従来の租税財源方式から社会保険方式へ変化してきた。社協は社会福祉事業を営むさまざまな法人や団体と競合するところさえ生じてきた。こうして従来のコミュニティワークよりも政策と経営に強い社会福祉協議会と職員が求められるようになった。

## 4 「総合支援型社協」

　一方、こうした社協の変化に対して疑問を感じていた社協も少なくはない。長崎県社会福祉協議会は、「事業型社協」の名称を外し、新たに「総合支援型社協」の看板を掲げた。筆者は長崎県社協のモデル事業として鹿町町社会福祉協議会で1998年にはじまった第二次地域福祉活動計画「つくも生き活きパールプラン」づくりに参加した。

　このプランでは明示していなかったが、さまざまな福祉事業も計画づくりも、福祉教育も地域づくりも、高齢者の支援だけではなく、全ての世代への支援を行う「総合支援型社協」を実体化させる中核となる職員をコミュニティソーシャルワーカー（以下、「CSW」）と考えるようになった。

　しかし、「総合支援型社協」の基軸となる個別の相談援助活動は社協にとってほとんど経験していなく、苦手分野であった。これまでの個

別援助活動といえば、民生委員児童委員や福祉協力員などと窓口的にかかわる心配ごと相談所や生活福祉資金の貸し付け業務程度で、大半はコミュニティワークや事務的な業務であったからである。そのため、1999年からはじまった地域福祉権利擁護事業では、個別事例の一から学ばなければならなかった。

## 5　社会福祉の基礎構造改革

　時代背景では、1994〜2005年は社会福祉の構造改革期である。基礎構造改革は、社会福祉事業、社会福祉法人、措置制度など社会福祉の共通基盤制度について、今後増大・多様化が見込まれる国民の福祉需要に対応するため、見直しをするというものであった。具体的な改革の方向として、(1) 個人の自立を基本とし、その選択を尊重した制度の確立、(2) 質の高い福祉サービスの拡充、(3) 地域での生活を総合的に支援するための地域福祉の充実である。福祉サービスの利用制度化、利用者保護制度の創出、サービスの質の向上、社会福祉法人の規制緩和、多様な事業主体の参入促進などを行った。

　この流れは、福祉関係八法改正（1990年）以降の進展で見るならば、社会保障の再構築を提言した「21世紀福祉ビジョン」（1994年）からはじまり、社会保障制度審議会「95年勧告」を経て、介護保険制度の導入（法制定1997年）、そして「社会福祉法」（2000年）での総仕上げと向かっていった。方向性では、公的責任に基づく措置制度から私的契約に基づく利用制度への転換、市場化の促進（規制緩和による多様な供給主体の参入促進）、個人の自立支援（個人の尊厳：世帯単位の家族支援から個人単位の自立支援）を押し出したものであった。

## 6　CSWの理論化と普及

　この時代に大橋謙策を代表とする日本地域福祉研究所は、1995年に旗揚げし、地域福祉の草の根的活動を支援し、CSWを理論化し、普及する方針を掲げた。島根県瑞穂町での研修セミナーを皮切りに、翌

1996年に富山県氷見市社会福祉協議会で開催以降、毎年全国各地で開催場所を変えた。山形県鶴岡市社会福祉協議会、岩手県湯田町社会福祉協議会、長野県茅野市および市社会福祉協議会、島根県瑞穂町社会福祉協議会、香川県琴平町社会福祉協議会、岩手県遠野市社会福祉協議会、北海道釧路市社会福祉協議会、宮崎県都城市社会福祉協議会、沖縄県浦添市社会福祉協議会などで開催された地域福祉実践交流セミナーでは、そのメインテーマにCSWが大きく掲げられた。

また、2000年からは、各地でCSW実践養成研修がはじまり、2002年からはCSW研究会も立ち上がった。これらの取り組みは直接的には市町村社会福祉協議会の専門性、その力量強化がねらいであった。この間、地域福祉を担う地域の機関・団体・施設は、地域包括支援センター、居宅介護保険事業所、NPO法人、社会福祉法人、コミュニティビジネス、医療機関、商店街連合会、営利企業などに多様化し、拡大してきた。

## 2 福祉ニーズの噴出・増大

### 1 福祉ニーズの深刻化・先鋭化・潜在化

CSWを必要としてきた社会背景の第二は、福祉ニーズの噴出と増大がある。

現代的貧困の拡大では、特に2008年9月のリーマンショック以降目立ちはじめた、リストラ、派遣切り、フリーター、多重債務、ホームレス、路上死、孤独死、年金の空洞化など国民生活の不安定化に加え、精神的不健康である自殺、虐待、DV被害、少年犯罪、アルコール依存や新たな依存症、社会的ストレスなどの拡大、福祉問題の国際化としての中国残留孤児、移民者Uターン、外国人労働者の生活問題、外国人の排除や摩擦など、福祉ニーズの深刻化と先鋭化と潜在化が進行してきた。これらの大半については、厚生省社会・援護局に設置された「社会的な援護を要する人々に対する社会福祉のあり方に関する検討会」が、その報告書のなかで2000年12月にはすでに指摘している。

21世紀に入り、わが国の社会福祉施策が挑戦すべき課題を領域ごとに例示すれば、①生活保護受給者の大幅増加（210万人を超える）、②非正規雇用労働者の増大（2000年：26.0％→2011年：35.2％）、年収200万円以下のワーキングプア（生活困窮者世帯）が400万人以上、③中学・高校の不登校15.1万人（2011年）、高校中退者5.4万人（2011年）、④貧困の連鎖（世代継承：子どもの貧困率16.3％）、⑤若者のニート（60万人）、社会的ひきこもり（推定70万人）、アディクション（数百万人）、不適応、孤立、⑥障害者福祉（入所施設や精神科病院などへの長期入所・入院、差別と権利侵害）、⑦高齢者福祉（認知症、行方不明、無年金者、孤立死など）、⑧その他の福祉（刑務所刑余者、外国人生活者の問題など）である。

## 2　最近の福祉制度改革の動き

　社会福祉分野の最近の制度改正をみても、生活困窮者自立支援法（2015年4月1日施行）、介護保険法改正（2015年4月1日施行：地域包括ケアシステムの構築、一定以上の所得のある利用者の自己負担を2割になど）、過労死等防止対策推進法（2015年4月1日施行）、子ども・子育て関連3法（2015年4月1日施行）、子どもの貧困対策の推進に関する法律（2014年1月27日施行）、子ども・子育て支援法の一部を改正する法律（2018年4月1日施行）、障害者差別解消法（2016年4月1日施行：差別的取り扱いの禁止、合理的配慮不提供の禁止）、社会福祉法の改正（2018年4月1日施行）、老人福祉法の改正（2018年4月1日施行）、改正障害者総合支援法（2018年4月1日施行）など相次いでいる。これらの法改正は今後もたゆまなく続くに違いないが、制度は常にニーズの後追いである。困った事例や事象が社会で問題化されて後に事業や制度が立ち上がるからである。したがって、制度の谷間、狭間のニーズはこれまでも生じたし、これからも生じる。

　さて、2015年度からは、生活困窮者自立支援法が施行されている。「生活困窮者」は、同法が規定する「現に経済的に困窮し、最低限度の生活

を維持することができなくなるおそれのある者」と経済的原因だけに課題を求めることはできない。生活困窮は結果ではあるが、その背景として貧困の世代連鎖や社会的な孤立や排除や差別、住居や職業の確保など複合的な課題を抱えている場合が多い。

　これらの解決には公的な機関だけではなく、多くの人々や専門家との協働が不可欠であり、その要であるコーディネーターとして地域に配置された **CSW** の存在が大きい。CSW では、制度の狭間にあるニーズを特に重視し、また特別の困難を抱えた人々のソーシャルインクルージョンを進めることが課題である。換言すれば、CSW は、「新たな支え合い」のしくみづくりという、わが国のこれからの地域福祉実践が最も求める手法といえる。

## 3 社会福祉における計画行政の定着と「地域共生社会」

　21 世紀に入り、ノーマライゼーション思想の普及とともに、地域の相互扶助機能の崩壊、家庭・地域の教育力の喪失など社会構造の変化を受けて、社会福祉の計画行政は定着した。計画行政導入の契機は、高齢化社会（7％：1970 年）、高齢社会（14％：1994 年）、超高齢化社会（21％：2007 年）から、さらに「超超高齢社会」（28％）の突入へ（2018 年 9 月現在 28.1％）と人口構造の変化による財源問題を直接の引き金としている。こうした流れは 21 世紀福祉ビジョンや福祉 3 大計画の登場以降、「新しい社会連帯」の強調、介護保険制度の導入、措置から契約への社会福祉構造改革、社会福祉事業法の社会福祉法への改称・改正、介護保険法の見直し、障害者自立支援制度の創設と障害者総合支援法への改称・改正、そして今日の「地域共生社会」の創出まで続いている。

# 第3節 「新たな」支え合い─四つの源泉

## 1 ボランティア活動の動向

　2007年に〈地域福祉の在り方検討会〉が提唱した「新たな支え合い」以前は、誰が、どのような住民層が身近な地域で支援を必要とする人々を支えていたのだろうか。一義的には日常的なケアの担い手である家族が頑張ってきたことがあげられる。そして近隣の方々も相互扶助が成り立つ地域社会では支え合いに加わっていた。あるいは中高年の女性がボランティアとして活躍していた。そして地縁組織も町会・自治会が中心的な担い手にもなってきた。しかしこれだけでは不十分である。家族は規模や機能が縮小し、地域社会のつながりも段々薄くなってきたなかで、まさに新たな援軍を求める必要がある。

　一言で言えば、ボランティアという自立と連帯の地域づくりを目指して自発的、社会的に活動する人たちである。1970年代にわが国でボランティアという言葉が普及したのは、専業主婦層によるところが大きい。現役世代や若者層の大半は地域での支え合いという活動に時間の余裕も関心も少なく、ボランティア活動には参加していなかった。しかし、専業主婦層中心という従来のボランティア活動のイメージを一変させたのが、1995年の阪神・淡路大震災時に全国から被災者の救済、復興に駆けつけた100万人を超える若者層といわれる。

　震災後の国の調査によれば、1996年に約550万人（約8.5万のグループ）のボランティアが、2000年には約710万人（約10万のグループ）に伸びている。その43％が保健・医療・福祉のボランティアで、まちづくり（11.1％）を合わせると過半数になる。そうした活動をしているボランティアの約8割は女性で、50歳代が中心という。ちなみにこの時点では学生はわずか2.4％にすぎない。しかし、「ボランティア活動に参加したい」という希望を表明した人は、国民の60～65％に及ぶとも報告

されている（世論調査結果）。

　地域での支え合い活動の高まりは 2011 年に再びやってきた。東日本大震災での救援・復興活動である。しかし、災害支援というボランティアの活動者数は、震災後のゴールデンウィークをピークに減り続け、その後毎年のように土日を中心に市町村社会福祉協議会や各地の団体がバスをチャーターし参加募集を続けたが、復興もめどが立ちはじめると次第に自分たちの地域で災害時のボランティア養成に取り組むという形に移行していった。

## 2 「新たな」支え合いの担い手

　さて「新たな支え合い」がいう「新たな」はどのような人々か、話を戻そう。結論から述べれば、期待されている「新たな」にはおおよそ四つの層が考えられる。

　第一に、定年退職者の地域デビューである。言葉を換えれば、前期高齢者層である。

　第二に、若者・学生層である。

　第三に、支えられてきたケアの受け手から担い手への位置の変化である。

　第四に、現役世代のサラリーマンや普通法人等の社会貢献活動である。

　第一層である高齢者特に前期高齢者から見てみよう。現代の中高年者は、「年寄り」じみていない。自分なりのライフスタイルや価値観がある。生涯現役志向が強い。高学歴な人が多い。スマホ、タブレット端末、SNS を使いこなす。新しいことに関心が高くさまざまな活動に意欲的なアクティブ・シニアと称される総じて元気な高齢者（Healthy Senior Citizens）が多いことが特徴の一つである。慢性疾患時代であるため、いくつかの病気を抱えている高齢者も少なくないが、日常生活と両立している場合が多い。加えて、体力がある。「8 掛け人生」といわれるように健康で長生きも可能になってきている。「70 の手習い」は当たり前

であるし、仲間・社会とのつながりを求めている。今までも民生委員児童委員や小地域での見守りサポーターとして活躍する高齢者は多い。もともと高齢者の発達課題では、経験からくる判断力や内省力は高まるといわれる。

　こうしたものすごいエネルギーがある、昔の高齢者とは違い、はるかに若い高齢者、知恵も体力もある高齢者が、自らの生きがい・自己実現を求めて、地域コミュニティづくりの新たな担い手として登場してきたことは明らかである。

　第二層である若者・学生はどうであろうか。先にふれたように若者・学生は災害等大きな変事に遊軍のようにあちこちから湧き出て活躍する。誰に命令されたわけでもなく、対価を求めるわけでもなく、voluntarism（志による活動）を地でいっている「私」発の自由で自発的な活動としての行動力が売りである。

　震災以降の新しい若者・学生の取り組みでは、第一に、過疎地域や限界集落では地域サポート人材事業がまちづくりとの関連で注目されてきた。なかでも、「地域おこし協力隊」は、過疎化が進む地域の再生を目的に都市部から人材を受け入れる国の地方創生事業の一つとして、2009年に制度化され、数千人規模で若者を中心に各地で活動してきた。

　第二に、都市や地方に関係なく、空き家・空き室の目立ちはじめた地域や大学がある地域などでは、学生による有償ボランティア活動、高齢者との同居生活など要支援者と学生のテイク＆ギブの取り組みもはじまっている。

　第三に、平均的所得の半分未満で暮らす子どもの割合は2012年に16.3％と過去最悪を更新し、子どもの6人に1人が貧困状態と、子どもの貧困問題が社会問題化し、「子どもの貧困対策の推進に関する法律（略称：子どもの貧困対策法）」が2013年に制定されて以来、子どもたちの学習支援、子ども食堂などが全国規模で爆発的に広がりを見せているが、その担い手の中心も子どもたちに共感しやすい学生教師、学生指導員、学生支援員等と呼ばれる若者・学生である。

第三層である当事者や要援護者と呼ばれるケアの受け手から担い手の変化を見てみよう。

　この層ではとりわけ、障害者の変化が特徴的である。障害者領域では、かなり以前から自立生活センターやピア・カウンセリング、セルフヘルプ活動、ピアサポートなどケアを必要とする障害者のために、障害者自身がケアを提供する活動は知られていたが、最近では福祉分野でもピアヘルパーやピアスタッフと呼ばれる人、ひきこもりサポーターに登録する人、障害のある人が障害のない人に自己の体験を開示して、双方向の共感を広げるなど新しい動きも出てきた。政府や地方の福祉計画づくりや障害者総合支援法に基づく地域での協議会にも障害者が参加することが珍しいことではなくなってきた。障害者は確かに「障害」という一部の制限や制約を余儀なくされているが、身体機能や活動・参加のすべてが制限や制約されているわけではなく、自らの体験的知識や共感力を持ってケアの担い手になる素質ももっていることを証明している。

　そして第四層の現役世代のサラリーマンや会社に代表される法人等の地域貢献活動である。豊島区で述べれば、昼間人口は42万人と夜間人口の28万人を大幅に超えている。その大半は学生とサラリーマン層である。豊島区民社会福祉協議会ではじめた地域福祉サポーター養成講座参加者も地元の信用金庫や新聞配達やいろいろなサラリーマンから「自分もサポーターになりたい」という方々が来ている。

# 第4節 CSWのはたらきと専門性

## 1 CSWの機能と力量

　CSWをわが国で提唱した大橋謙策は、CSWの機能として第1章第2節に紹介した11項目をあげている。そのうえで、CSWの機能とCSWを展開できるシステム構築をたびたび強調している。

　ここでは、CSWの機能から吟味していきたい。

　筆者は、これらの多様な機能のなかで、**CSW**には個別支援と個別支援を通じた資源開発、地域づくり、ソーシャルアドミニストレーションの力量が最も求められると考える。これらを担うには、社会福祉士または精神保健福祉士という国家資格を有することが**CSW**の要件として最低限必要なことである。

　個別支援では、カウンセリングのような面接室での面接ではなく、生活の場に赴くアウトリーチ型のニーズ把握、利用者との信頼関係の構築、個別アセスメントとパーソナルケアプランの作成、介入、モニタリング、終結と事後評価など一連の過程が的確にできる力量が問われる。また、ニーズの普遍性を抽出し、似たような事例の集積と分析を行い、地域アセスメント力、フォーマル、インフォーマルかにかかわらず必要な資源を活用・開発する力量も求められる。

　これら**CSW**に求められる力量を二つの事象で考えてみよう。

## 2 「ひきこもり」と「ごみ屋敷」

　第一に「ひきこもり」である。第二に「ごみ屋敷」である。両者に共通することは、他者に過度な損害や迷惑を及ぼしていない限り、公的に介入する根拠が乏しいことである。正確な実態把握もされていない。ひきこもりに関しては、秋田県藤里町の調査（2011年）で住民11人に

1人がひきこもりと報告された。沖縄県石垣市の調査（2015年）では、住民15人に1人がひきこもりと報告された。しかしこれらの調査では、ひきこもりの定義が曖昧であり、高齢期の「閉じこもり」との区別はされていない。都道府県の一部でもサンプル数は少ないものの調査は行われているが、全国調査はされていない。内閣府は2018年度、新たに40歳から50歳代の人がいる全国の5千世帯を抽出し、調査員が自宅を訪ねる案を検討しているという。本人や家族に就労や生活状況、外出の頻度、ひきこもりとなったきっかけと期間、現在抱えている問題などを記入してもらい、全国の推計人数も算出する予定と報道されている。

　「ごみ屋敷」はどうであろうか。これも正確な実態が不明のままであるが、マスコミの報道だけではなく、実際の住民からの「苦情」も相談窓口に多く寄せられている。対応する制度は乏しく、道路交通法、迷惑防止条例、行政代執行など「取り締まり」対策のみである。どちらも典型的なセルフネグレクト（自己放任）事例と見られ、最悪の場合は孤立死に至りやすい。

## 3 「ひきこもり」の登場

　ひきこもりは、1980年代に登場し、1997年に連載された朝日新聞紙上の「特集・ひきこもる若者たち」を契機に広く知られるようになった。1990年代から注目されており、地域では保健所の精神保健相談支援がはじまっていた。2010年内閣府は調査データをもとにひきこもりを約70万人と推計したが、今日では100万人を超えるひきこもりが推定されている。その原因も不登校の延長・出社拒否・いじめ・親の過干渉・発達障害・精神的病気などなどさまざま要因があり、総じて「社会や人間関係から撤退し、6か月以上自分の部屋や家の中にひきこもって社会参加しない状態」[5]をいう。『ひきこもりの評価・支援に関するガイドライン』（主任研究者：齋藤万比古）では、「様々な要因の結果とし、社会的参加（義務教育を含む就学、非常勤職員を含む就労、家庭外での交

遊）を回避し、原則的には6か月以上にわたって概ね家庭にとどまり続けている状態（他者と交わらない形での外出をしていてもよい）を示す現象概念である。なお、ひきこもりは、原則として統合失調症の陽性あるいは陰性症状に基づくひきこもり状態とは一線を画した非精神症性の現象とするが、実際には確定診断がなされる前の統合失調症が含まれている可能性は低くないことに留意すべきである」とされている[6]。

　このように、「ひきこもり」には大きく二つのタイプがあるといわれる。厳密には、統合失調症やうつ病などの精神疾患が疑われる（治療が必要な）状態像としての「ひきこもり」と、精神疾患が疑われない社会への不適応状態としての「ひきこもり」を区別する意味で、後者を「社会的ひきこもり」と呼称している。いずれの「ひきこもり」も病名や診断名ではない。しかし、年齢が若い10代から20代前半の場合、この二つの「ひきこもり」を区別することは容易ではない。「社会的ひきこもり」でも、精神症状が二次的に出てくる場合もある。ひいて言うならば、何歳からひきこもりになっているか、今何歳か、働いた経験はあるか、家族との会話があるか、清潔を保ちまた入浴しているか、TVやパソコンは見ているか、夜間に1人で近所へ外出することがあるか、「監視されている」「怖い」などの訴えがあるかなどの行動観察で区分する場合が多い。それらは家族からの情報だけでは不十分である。原則としてひきこもり状態にある本人に援助者が直接会い、会話と観察から鑑別するはたらきかけが重要になる。もし、何らかの精神疾患が疑われる場合は、日常生活での特異的行動や言語、様子を十分に観察する必要がある。なお、社会的ひきこもりの場合、近年は20年以上ひきこもる高年齢化した成人が増加しており、援助介入も関係がとれにくく、本人と会えずに終わるか、対面できてもメモでの会話がやっとという場合が多い。

　社会的ひきこもりの増加には、それ以前の不登校の増加、自尊心が大きく揺れやすい傷つきたくない心理、個室個食の生活、テレビゲーム、Eメールなどパーソナル化する生活スタイル、携帯電話などにみられる煩わしさを排除したデジタル会話、夢のない大人社会など複雑な背景が

考えられる。ひきこもりの状態も完全な閉じこもり状態から、深夜のコンビニまでは外出するタイプなどの幅があり、こころの健康問題の成り立ちを生物・心理・社会的側面から総合的にとらえる知見では、「ひきこもりの評価・支援に関するガイドライン」（厚生労働省）も示され、その多くは非精神病としての社会的ひきこもりであるという。経験的には、第三のひきこもりとして生来の特性が関係して、社会参加に行き詰まっている人や発達障害もかなり存在すると推測される。特に社会のリズムに追いつかない人々、社会適応からはみ出され、生きづらさを抱えた人々が増えており、社会がひきこもりを生み出していることに注意を向ける必要がある。

## 4 「ひきこもり」への CSW の支援

いずれにせよ、病気ではないが、逃避したのに逃げ場がない悪循環にはまった状態であり、精神科的な特効薬や万能薬もない。しかし、CSW の支援では、まず、ひきこもっている当事者に安心を送るメッセージを伝えることである。「そのまま生きていていい」「自分に合ったペースで歩んでいい」と支援者が焦らないことである。第二に家族支援を考えることである。家庭訪問や面接を通しての状況への共感と信頼関係の形成、家族支援を通じて本人の支援もはじめること、ネットワークを用いて援助することを中心に、叱咤激励ではなく、ストレングスモデルの視点、家族へのサポートとしての家族支援教室など心理教育的接近、本人への認知療法的アプローチ、ひきこもり状態から脱するための「きっかけの提供」やアウトリーチ、居場所の開発などが提起されている。なお、現在では、「ひきこもり地域支援センター設置運営事業」が厚生労働省で 2009 年度より創設され、ひきこもり支援コーディネーターが配置されている。また、「ひきこもりサポーター養成研修、派遣事業」が 2013 年度より開始されている。また、「若者サポートステーション」もニート支援と合わせて実施しているところが多くなっている。CSW は

これらの関係機関とも連携しながら、個別支援を丁寧に行うことが基本となる。また、ソーシャルインクルージョンの視点では、周囲の理解促進のための啓発活動、セルフヘルプグループの組織化と橋渡し、地域で一緒に問題を考えるグループの組織化などがはじまっている。

## 5 「ごみ屋敷」の曖昧さ

　また近年、いわゆる「ごみ屋敷」問題がテレビのワイドショーなどでたびたび取り上げられるように数多く報道されている。**CSW** の相談でも、筆者がかかわりのある社会福祉協議会ではトップレベルの相談回数である。最近では東京都足立区、大阪市、京都市などいくつかの自治体が条例を制定しその対策に乗り出した。国会でも 2014 年 5 月 16 日に日本維新の会、みんな、結い、生活の各党は「ごみ屋敷」対策法案（廃棄物の集積又は貯蔵等に起因する周辺の生活環境の保全上の支障の除去等に関する法律案）を衆議院に共同提出した。しかしこれだけ社会問題化しているにもかかわらず全国の実態は把握されておらず、その対策も周辺地域の環境保全という名目のみで、なぜ「ごみ屋敷になるのか」の原因解明とその解決に結びついていない現状にある。

　「ごみ屋敷」問題は、社会福祉やソーシャルワーク実践においても、不登校、ひきこもり、虐待、生活困窮、自己破産、依存症、自殺、孤立死、ホームレス、行方不明高齢者、認知症などと同じ地平で課題視されているが、これまで学術的に研究された形跡がない。せいぜいルポタージュかマスコミの取材記事で終わっている。「ごみ屋敷」問題が顕在化したのは、近隣住民に見える形で居住者の土地でごみが野積みの状態で放置されていたり、悪臭がしたり、害虫が発生したりしてからである。国土交通省は、2009 年に「地域に著しい迷惑（外部不経済）をもたらす土地利用状況の実態把握アンケート」を実施しているが、それによると全国 250 市区町村で「ごみ屋敷」が発生しているという。しかし、実態はもっと多いと思われる。そもそも「ごみ屋敷」の定義も曖昧である。G-zero

の報告書では、「ごみ屋敷」を「『ごみ』が敷地内に溢れかえっている建物のことで、住民からの苦情や戸別訪問等により認知しているもの。なお、ここでいう『ごみ』とは所有者の意思によらず、通常人が見て『ごみ』と判断できるもの」と定義している。しかし、筆者は一軒家の自宅やマンションの一室で入居者が「ごみ」のなかで暮らしており、誰にも解決を求めることができずに苦しんでいる事例を支援したことがある。「ごみ屋敷」は結果としての現象であり、目前から「ごみ」がなくなれば解決するわけではない。にもかかわらず、これまでの対応は「支援」ではなく目の前から「ごみ」を除く「対策」が中心であった。そのため、廃棄物処理法、道路交通法、成年後見制度、行政代執行、条例制定など法的な対応を基本としてきた。

## 6 「ごみ屋敷」の原因についての仮説

しかし、「ごみ屋敷」となって住民の目前に出現するまでには、さまざまな原因が考えられる。筆者は、これまでに「ごみ屋敷」の相談に10件ほどかかわった経験から、次のような仮説的な見方をしている。その第一は、「ごみ」を貯めてしまう生活技術（整理整頓）の未成熟にあると考えられる。箸の持ち方がそうであるように、およそ人は幼少時に生活技術や後片づけや整理整頓等の生活習慣が形成されないと、成人になってからでは形成されにくいといわれる。第二に、精神疾患など何らかの精神科的な問題が潜んでいると思われる。その代表は、強迫性障害であろう。また、うつ病、妄想性障害、認知症なども考えられる。そして第三に、ごみを貯める人の孤独・孤立感が考えられる。こころの隙間を埋める存在としての「ごみ」は、こころの問題と切り離すことができない。これらの要因が複合的に絡み合って生じる現象と考えられる。しかし「ごみ屋敷」が出現する原因には定説がない。実証的学術的に解明されてこなかったからである。

## 7 専任配置とシステム構築の必要性

　このほかにも、制度の狭間や谷間といわれる問題は多々生じている。路上生活者の問題、8050問題、9060問題、9090問題などに代表されるように家族のなかに複数生じている問題、在日外国人の生活問題などである。

　これらは、非専門職にまかせてよいだろうか？　福祉専門職の資格がなくても数時間か数日の研修で力量が身につくだろうか？　少なくとも筆者らはそれでは対応できないと考えた。また、**CSW**を兼務業務で対応する有効性にも疑問をもっている。そのため、豊島区では専任配置とした。地域住民の役割を地域福祉サポーターの役割を含めて詳しくは、本書の各章で述べられている。

　もう一つ、ここで述べておきたいことはCSWが展開できるシステム構築に関してである。サービス展開地区（小地域）の設定と**CSW**の適切な配置と現任訓練（スーパービジョン体制）が必要不可欠である。豊島区は、本文で詳しく述べられているが、およそ区内8圏域に複数配置を基本とした。先行したモデルでは茅野方式にみるワンストップの総合相談（茅野市、富士宮市、掛川市など地方型モデル）と浦添方式（浦添市、豊島区、文京区、世田谷区など都市型モデル）があるが、豊島区はそれぞれの圏域に複数配置（現状は各地区2〜3名配置）の18名（2019年3月末現在で25名）である。将来的には圏域を再編成（8圏域をさらに細分化）することで2圏域に3名配置か、1圏域2名配置で全体で24名への増員も展望している。

　イギリスにおいては、「シーボーム報告」（1968年）による対人社会サービスの地方重視（コミュニティを基盤とする家族志向サービスを掃供する地方自治体の部局の創設を提案）で、ジェネリックなソーシャルワークの展開を、地区チーム構造では、人口5万から10万に10〜12名のSWを配置すると述べ、「バーチ報告」（1976年）では、1980年代半ばまでに半数のソーシャルワーカーを有資格者へすると報告した。その後、「ウインナー報告」（1978年）で、ソーシャルワーカーの任務について、個人・

家族・コミュニティとかかわり、ニーズ充足のために計画を立て、実施することとされた。これらの流れを受けて、「バークレイ報告」(1982年)でCSW概念の提示と提唱がされたのである。ハデレイらの少数派報告では、「バッチシステム」といって近隣基盤のソーシャルワークも提唱しているように、圏域とその配置人数に基準はないが、筆者らは人口1万人に1名の専任**CSW**の配置を目指してしていきたいと考えている。

## 引用文献

1) 加納光子『改正精神衛生法時代を戦った保健所のPSWたち』ミネルヴァ書房、307-309頁、2017年
2) 大橋謙策「コミュニティソーシャルワークの展開過程とその留意点」日本地域福祉学会編『新地域福祉事典』中央法規出版、22～23頁、2006年
3) 田中英樹「概念と特徴」日本地域福祉研究所監修、中島修・菱沼幹男編『コミュニティソーシャルワークの理論と実践』第1章第1節　中央法規出版、2～26頁、2015年
4) 大橋謙策・原田正樹、日本地域福祉研究所監修『地域福祉計画と地域福祉実践』万葉社、14頁、2001年
5) 厚生労働省「「社会的ひきこもり」に関する相談・援助状況実態調査報告（ガイドライン公開版）」2001年（https://www.mhlw.go.jp/topics/2003/07/tp0728-1.html、最終アクセス：2019年3月8日）
6) 厚生労働省「ひきこもりの評価・支援に関するガイドライン」6頁、2010年（https://www.mhlw.go.jp/file/06-Seisakujouhou-12000000-Shakaiengokyoku-Shakai/0000147789.pdf、最終アクセス：2019年3月8日）

## 参考文献

・加納光子『改正精神衛生法時代を戦った保健所のPSWたち』ミネルヴァ書房、2017年
・岸恵美子『ルポ ゴミ屋敷に棲む人々』幻冬舎新書、2012年
・G-zero「報告書」彩の国さいたま人づくり広域連合、2010年
・内閣府「若者の意識に関する調査（ひきこもりに関する実態調査）報告書」2010年（https://www8.cao.go.jp/youth/kenkyu/hikikomori/pdf_index.html、最終アクセス：2019年3月8日）

第 **1** 章

# 地方福祉行政と社会福祉協議会のパートナーシップ

# 第 1 節　CSW 事業の主体形成

　是枝裕和監督の映画作品「誰も知らない」(2004 年)をご存じだろうか。1988 年に東京都豊島区巣鴨で起きた「巣鴨子ども置き去り事件」(複数の子どもが犠牲となった児童ネグレクト事案) を映画化した作品である。主演の柳楽優弥が第 57 回カンヌ国際映画祭で最優秀主演男優賞を獲得したことで大きな話題となった。今や、巣鴨といえば「おばあちゃんの原宿」だが、その巣鴨で起きた悲しい事件を題材にした映画である。

　悲しく残念なことであるが、このような事件は全国的にも後を絶たない。そこで、なんとか防止しようと行政機関はさまざまな施策を展開してきた。

　その後の豊島区でいえば、東部子ども家庭支援センターへの「虐待対策ワーカー」の設置が大きな成果を上げている。ワーカーたちは地域の信頼も厚く、「子どもの泣き声がする」という通報があれば、直ちに現場確認に出向く。多くの実践経験を積んだ「虐待対策ワーカー」は、虐待防止に特化した精鋭部隊になっている。

　このように、「虐待対策ワーカー」の地道な活動は、それまでにない顕著な成果を上げてきたが、地域社会にはそのほかにも多様で重層的な福祉課題が山積している。

　それらの福祉課題を解決するためには、課題別に設置された拠点がもつ専門性を活用することと、そうした拠点の専門性を、地域の主役である区民や団体、社会福祉法人や他の行政機関などと結びつけるコーディネーター機能が必要になってくる。これこそが **CSW** の重要な役割である。豊島区の場合、対象の属性に着目して設置されている「子ども家庭支援センター」、「高齢者総合相談センター」、「心身障害者福祉センター」、「保健福祉センター」などの専門性をつなぐ横串となることが CSW 事業に期待された。

　そうした要請に対応する活動を求めて模索がはじまるのは必然といえ

るだろう。各自治体においても、同様の拠点をつないで連携していくことは常に大きな課題となっているのではないだろうか。

そこで、それが唯一の方法論ではないとしても、豊島区では現実的な選択として、社会福祉協議会がその活動を担うことになった。

本章では、そうした経過を踏まえて、豊島区行政と社会福祉協議会が、どのように役割分担と相互理解を図りながらCSW事業を構築していったのか考察する。

## 1 CSW事業の「わかりにくさ」について

福祉の現場では、CSW事業について論じるとき、「CSW」という用語の曖昧さが問題になることが多い。まず、「CSWは概念のすそ野が広すぎてとらえられない」という声がある。また一方で、「福祉行政や社会福祉協議会の職員がCSWであると名乗れば、それがCSWである」といった、安直な考えを見受けることもある。

これでは、いくらCSW事業の主体形成を語っても議論がかみ合わない。ここでは、まず、本書で頻出する「CSW」関連の概念について明確にしておきたい。これは、現在CSWのより効果的な運用を検討している自治体や、今後の導入を検討している自治体に参考にしていただけるのはもちろん、豊島区の福祉に携わる者のすべてが折にふれて再確認すべき原点であると考える。

### 1 コミュニティソーシャルワーク（CSW）概念の用語の整理

最も基礎をなす概念である。ここでは、豊島区保健福祉審議会前会長である、大橋謙策日本社会事業大学名誉教授の定義[1]を使わせていただいた。

> 地域に顕在的に、あるいは潜在的に存在する生活上のニーズを把握（キャッチ）し、それら生活上の課題を抱えている人や家族との間にラポール（信頼関係）を築き、契約に基づき対面式（フェイス・ツー・フェ

イス）によるカウンセリング的対応も行いつつ、その人や家族の悩み、苦しみ、人生の見通し、希望などの個人的因子とそれらの人々が抱える生活環境、社会環境のどこに問題があるのかという環境因子に関して分析、評価（アセスメント）し、それらの問題解決に関する方針と解決に必要な支援方策（ケアプラン）を本人の求めと専門職の必要性の判断とを踏まえて、両者の合意で策定し、そのうえで制度化されたフォーマルケアを活用しつつ、足りないサービスに関しては、新しいサービスを開発するか、インフォーマルケアを創意工夫して活用するなど、必要なサービスを総合的に提供するケアマネジメントを手段として援助する個別援助過程を重視しつつその支援方策遂行に必要なインフォーマルケア、ソーシャルサポートネットワークの開発とコーディネート、ならびに"ともに生きる"精神的環境醸成、福祉コミュニティづくり、生活環境の改善などを同時並行的に総合的に推進していく活動および機能

「コミュニティソーシャルワーク」の概念が明確になれば、付随する用語の意味は自ずから決まる。

## 2 コミュニティソーシャルワーカー（CSW）

コミュニティソーシャルワークに専任で従事する「社会福祉士」、「精神保健福祉士」である。

## 3 CSW

本書では、コミュニティソーシャルワークをCSWと表記し、コミュニティソーシャルワーカーについても、その実践を含めて同様に**CSW**と表記する。ただし、引用資料などはオリジナルの表現を尊重する。

## 4 CSW事業

地方福祉行政によって制度的に実施されるコミュニティソーシャル

ワークを実施する事業と定義できる。

## 2 CSW事業を誰が担うのか？
### 創成期における「考え方」の変遷

　CSW事業を構想し計画するときの要諦は、CSW事業を実際に担う、それも「専任」でCSWを担う人材（ヒト）を、どのように育成するかということに尽きる。この部分をおろそかにしたとき、CSW事業は福祉行政の手から漏れていく。絵空事でCSW事業を語るのはたやすい。しかし、そのとき欠けているのはCSWの主体をどう形成するかということである。東京都豊島区でのCSW事業の展開過程を、創成期から見てみよう。

　まず、創成期の4年間に生起した「CSW事業についての考え方」の変遷を実証的にたどってみる。決して一筋縄でいっていないことがわかる。

**2009年**
1)「コミュニティソーシャルワークモデル事業実施要領」を制定した。
　　1地域（区内の中央地域）に2名を配置して、モデル事業を開始した。常駐事務所はなく、社会福祉協議会本部で執務していた。
　　また、担当の2名は、当該地域から離れた二つの地域（区民ひろば朋有地域・区民ひろば上池袋地域）でも出張相談を実施している。区内全域配置の前であっても、既配置のCSWが全域に責任をもつという「全域活動体制」の前例となっている。
　　CSWには、専任の常勤職員として社会福祉協議会職員を配置した。資格要件としては、社会福祉士、精神保健福祉士等の国家資格を有し、3年以上の福祉職経験を有する者をもってあてることとした。
　　重要なことは、CSWとしての経験はなくても、すでに地域福祉業務には精通していたことである。

2)「災害時要援護者対策事業に係る個人情報の流れ」についての検討がはじまった。

これをもって、画期的ともいえる、「CSW事業での個人情報活用」の検討がはじまった。これは2012年に実現する。
3)「社会福祉協議会と区とのあり方検討会」でCSW事業の位置づけが論議された。

検討会では、CSW事業が社会福祉協議会の本来的事業であると位置づけられた。したがって、財政援助は「委託費」ではなく「補助費」とされた。しかし、このことは、個人情報の扱いについては不利な選択であった。

区の事業を社会福祉協議会に「委託」しているのであれば、区行政の保有する個人情報の取り扱いは、原理的にも可能なものとなっていた。

## 2010年

1) 1地域(区内の中央地域に2名)でモデル事業を継続した。

CSW事業の区民認知度は、「豊島区保健福祉計画」策定のための予備調査によれば、3.5％であることがわかった。

この段階でCSW事業を認知している区民は、福祉関係者や町会役員に限られていたといえるだろう。そのため、区民への啓発、周知が課題となった。

2009年度は、CSW事業の周知に重点的に取り組み、町会・自治会や民生委員児童委員協議会の会合での説明をはじめ、社会福祉協議会広報誌である「豊島福祉」への記事掲載を行った。宣伝用のチラシも作成し、1回500枚、年間20回配布した。配布場所は、区民ひろば、児童館、子ども家庭支援センターや地域内の介護保険事業所であった。さらに、区域内の個人宅にもポスティング等により配布した。

CSW事業に着手した自治体の多くでは、本区と同様に事業の成果を実感できない焦燥感を覚える時期を経験したのではないだろうか。

そうした焦燥感をCSW自身の不安感にしないためにも、組織としてPRに力を入れることは重要な要素である。
2）CSW事業への「助成」のあり方について検討が具体化した。

「委託」とすべきなのか「補助」であるべきなのか、区議会での審議（第2章参照）も含め、具体的な検討が開始された。
3）「コミュニティワーク事業連絡会作業部会」での論議がはじまった。

セーフコミュニティ事業の一環であるという方向性が確認された。また、2地域目のCSW配置候補地を選定（区民ひろば池袋本町地域を想定）した。
4）社会福祉協議会が、区に対して「地域区民ひろばの運営業務の受託について」要望した。

8〜9箇所（候補地域を明記している）の地域区民ひろばの運営を、民営化のうえで受託したいと、社会福祉協議会が区に要望した。

この時期に区民ひろばの運営を社会福祉協議会に委託するよう区に要請しているのは、区民ひろばの運営を社会福祉協議会が受託することで、ひろば職員を居ぬきでCSWにしてしまおうと考えてのことだろうと思われる。

これは、後から考えると、社協が「区民ひろば」の運営主体となることは、専門職だからこその知見を期待されるCSWが担うべき職務から考えても無謀である。意欲が空回りしてしまった一例であり、これからCSWの配置を検討される自治体は、新しい取り組みのなかでは、こうした「勇み足」も起こり得ることとして参考の一つとしていただければと思う。

## 2011年

1）1地区（中央地域に2名）でモデル事業を継続した。
2）セーフコミュニティへの位置づけがなされる。

国をあげての課題となっていた「地震災害への対応」の役割を想定している。

3)「民営化が完了した地域区民ひろば」でのCSW事業展開が論議された。

　前年の「ひろば職員の**CSW**化論」の一環といえるものである。地域福祉についての知識・経験をもたない「ひろば職員」を**CSW**にするという、行政に都合のよい選択は生起しがちである。こうした顛末は公表しにくいものだが、参考となる部分もあると思うので、本章第2節、第2章第6節に可能な範囲で記述した。事情を汲み取っていただければと思う。

　これは、公務員定年後の再雇用・再任用先として顧慮されたことも理由である。

4) スーパーバイザーの意義と重要性についての認識が深まる。

　支援する者を支援する、ということの意義が理解されてきた。

5) 2015年度までの全域配置計画が現実味を帯びる。

　少しずつ、しかし着実にモデル事業の成果が区民からの信頼という形で認められてきた。

　地域住民の高い評価が、区議会議員からの「全域配置」要望となっていった。

6) 区議会議員の一部に、社協以外への委託を求める主張が出る。

　一般社会福祉法人への委託論が生起した。

　ここにおいて、社会福祉協議会が受託することの意義と、CSW事業の社会への広がりを考量する必要が出てきた。

7) 地域区民ひろばとCSW事業の関係について論議がはじまる。

　区民ひろばと地域福祉事業の関係が論議される。これは、CSWの起源ともからむ課題である（本章第2節で詳述）。

　確かに、地域の公共施設がCSW事業の萌芽ではあっても、そのままCSW事業にはなり得ない。CSW事業の特徴は「ヒト」だからである。

## 2012年

1) 3地域に常駐配置した。

　3地域の地域区民ひろばに「常駐」で「専任」の**CSW**を2名ずつ

配置した。これ以降を「本格実施」と名づけ、モデル実施3年間で得た知見を活かした活動が開始された。
2）配置地域の増加に伴い、CSW候補として、区の福祉関係職員OBを勧誘した。
「行政職員活用論」の再登場である。
3）「個人情報利用」について個人情報保護審議会に諮問した。
緻密な論議を尽くし、認定される。

## 3 3年間のモデル事業の経験と教訓

2009年度から2011年度までの3年間のモデル事業実施では、次のような課題が導き出されている。
①民生委員児童委員との連携を強化する＝既存の福祉資源の活用。
②困窮世帯の学習支援を進める＝貧困の連鎖を抑止する。
③独居者対策＝豊島区は高齢独居者が多い。
④大震災・原発事故避難者対応＝生活が安定するまで責任を負う。
⑤活動領域拡大・人員増に伴う新たな事業展開＝支援困難ケースにかかる対応策を通した、地域ネットワークに取り組む。
⑥CSWの人材養成＝社会福祉士の積極的な採用。

2012年度からの本格実施にあたって、行政福祉職員OBからの希望者は皆無であった。したがって、CSW事業を想定した国家資格である社会福祉士を必要数に応じて採用することとなった。

さらに、人材の育成にあたっては、区内大学の福祉系学部との連携が実質的にも求められることとなってきた。また、CSW事業の特性から生ずる「成果を実証することが困難では？」との危惧についても検討が必要となった。このことについては次節に記載したい。

## 4 行政にとって欠かせない「費用対効果」の評価

　CSW事業は、すべて不定型な業務であり、成果はCSWの「力量」と「士気」にかかっている。仕事を自ら創出するという姿勢がなければ結果はついてこない。したがって、財政負担に応えた成果を上げられるかどうかの危惧は常に存在する。そして、その成果の指標として定量的な表現をすることが容易ではない。そこで本章の第5節・第6節に記述するような具体的な事例を多くのステークホルダーと共有し、味方を増やしていくことも、今後導入する自治体はもちろん、豊島区やすでに導入している他自治体においても不断の努力が求められるといえよう。

　2015年度を目途に8圏域(8拠点)16人体制の構築を計画していたが、多年度にわたる事業であることから、その費用対効果について、臨機の検証が求められることとなった。

1) 2012年度以降の実施スケジュールと効果検証の外形的ポイント
　①地域活動の拠点として根づいている「地域区民ひろば」に設置する。
　②(地域包括支援センターの)8圏域内にある地域区民ひろばにCSWを配置する。
　　2012年度　　3圏域
　　2013年度　　4圏域
　　2014年度　　6圏域
　　2015年度　　8圏域（ここで区内全域をカバー）
　③各圏域とも、常勤・非常勤の2人体制とする。
　④自治・町会との連携を深めていくため、社会福祉協議会への事業「委託」とする。また、このことで「区の保有する個人情報の活用」に道を開いた。

2) 費用対効果を検証する内在的ポイント
　①福祉の「谷間」・「隙間」に、公平・緻密に視点が向いているか？

②地域の活力（オピニオンリーダーの皆さん）や、既存の福祉制度を有効に活用しているか？
③活動の視野が区内全域に向いているか？
　また、CSW事業の人的資源が区内全域の活動に見合っているか？
④8地域の必要性については、真に地域ニーズに応じたものとなっているか？　8「聖域」とすることなく、活動が充足して地域バランスも整った段階で「よし」とする判断もあるのではないか？

　幸い、これらの評価ポイントをクリアすることができて、今日を迎えている。

# 第2節 「CSW」の誕生

　CSW事業のモデル実施から本格実施への移行にあたり、福祉事業の経験が豊富な福祉系の行政職員を活用するという考え方が浮上した。しかし、実際には、その後の展開はそうならなかった。

　そこに、「社会福祉を目的とする事業の企画及び実施」や「社会福祉を目的とする事業に関する調査、宣伝、連絡、調整及び助成」(社会福祉法第109条)などを担う社会福祉協議会の出番があったのである。

　本節では、マンパワー活用における「専門性確保」の論点と、実際の対応事例について考察する。

　CSW事業の実施は、法定計画「豊島区保健福祉計画」策定のために設置されている「豊島区保健福祉審議会」で、2008年頃から検討されてきた。その具現化には、どのような事業であれ、「ヒト・モノ・カネ」の確保が要諦である。CSW事業も例外ではない。

　「ヒト」は、地域福祉実践のために常駐する、専門性をもった**CSW**の育成である。地域常駐が前提であるから必要となる人数も多い。

　「モノ」は、地域常駐のための事務所の確保である。これを、あまりコストをかけずに用意しなければならない。

　「カネ」は、行政の事業経費であり、第2章に詳述されている。国の施策に合致していれば補助金が期待できる。しかし、補助スキームは多くの場合、例えば3年間などの事業のテイクオフ後に補助対象とならなくなることも、残念ながら珍しいことではない。

　ここでは、「ヒト」の育成と、ヒトの地域常駐の居場所である「モノ＝事務所」の確保について、改めて振り返る。

## 1 行政職員活用という陥穽

　組織の運用について、「縦割り」の弊害ということがいわれる。しか

し、行政機関においては、法の支配に基づく施策実施が最重要であるから、各法令の立法目的ごとに組織が分かれ、その目的に特化した組織運用がなされるのは、ある意味では当然ともいえる。

そこで生まれるセクショナリズムの弊害を、福祉の分野で打ち破るのがCSW事業と考えれば、わかりやすい。こうした大胆な事業の実施にあたって、既存の「縦割り」と「規則による統制」に慣れた公務員が当惑し、場合によっては懐疑的になり、**CSW**への転身を望まないのは、むしろ必然である。

豊島区でも、モデル事業終了後の本格実施にあたり、福祉行政に従事していた多数のOB職員に、**CSW**への転身を個別に呼びかけたが、業務の内容などを説明すると、一様に表情を曇らせ、「考えさせてほしい」としたうえで、結果的には応募はなかったのである。

## 2 CSW事業の「主体形成」の変遷を歴史的に見てみる

地域福祉を担うための活動主体は、その立場や役割、活動範囲など多岐にわたる。CSW事業における「コミュニティソーシャルワーカー」という先駆的な活動主体の登場で、現在の福祉ニーズへの解決策の一つが提示された。これも、地域福祉の歴史に目を向ければ、今日までの曲折の経緯が見えてくる。

地域活動の資源は、いつも地域共同体のなかに溢れていることがわかる。CSW事業は、名称や位置づけが明確になったことの意義は大きいが、基調をなす「はたらき」としてみるならば、もともと日本に根づいているしくみであるといえないだろうか。CSW事業を担う主体の変遷については、次のような仮説を立ててみると理解しやすい。

①かつては「地域福祉＋公衆衛生（乳幼児生存率の向上）」の重要性から、（主に地方では）専門職員である社会教育主事・保健所保健師などが「地域福祉コーディネーター」の役割を担っていた。

②やがて、社会福祉法で「地域福祉向上のための団体」と位置づけられている社会福祉協議会が、行政の支援を受けながら力をつけてきた。
③しばらく、「専門職員（社会教育主事＋保健所保健師）＋社会福祉協議会職員」が「地域福祉コーディネーター」であった時代が続く。
④社会教育施設の役割の変化で、社会福祉協議会が地域福祉を担うようになる。
⑤社会福祉協議会の地域性豊かな活動が功を奏し、社会福祉協議会が福祉行政の委託先としての役割が重視されてきた。そのなかで、スタッフの専門性と常駐性、そして新たな「**CSW**という名称」付与による「見える化」が奏功してきた。これは豊島区だけの特徴ではなく、多くの社会福祉協議会に共通する強味であろう。
⑥今日では、CSW事業も効率的運営が求められるようになっている。行政の直営や、社会福祉協議会への委託ではなく、一般の非営利法人への委託も語られるようになってきた。
⑦したがって、社会福祉協議会の優位性を実践的なミッションで示す必要がある。
「社協ならでは」といった優位性の提示は、具体的でなければならないし、時宜にかなっていなければならない。

豊島区民社会福祉協議会は、それをどのように示したのだろうか。

## 3 区民の心を捉えた4つのミッション

　CSWの機能について、大橋謙策は、次のような11の実践的ミッション[2)]を掲げている。

①住民座談会の開催などによるアウトリーチ型のニーズキャッチ機能
②個別援助を大切にしつつも、エコロジカルな視点を踏まえた地域生活をしている家族全体を支援する相談支援機能

③ICF（国際生活機能分類）の視点と枠組みを踏まえ、福祉サービスを必要とする人およびその家族の参加、活動を促進する自己実現型ケア方針の立案機能
④個人情報保護を前提としてのフォーマルケアとインフォーマルケアとを統合的に提供できるようにするための個別支援ネットワーク会議を開催し、専門多職種等がチームアプローチできるよう、かつサービスを総合的に提供できるようにするコーディネート機能
⑤福祉サービスを必要とする人およびその家族のエンパワーメントを促し、継続的な対人援助にする機能
⑥自己実現型ケア方針の立案に基づき支援する際、利用したくとも利用できるフォーマルケアがない場合のインフォーマルケアの開発機能（ボランティア活動の開発・組織化も含めて）や新しい福祉サービス開発機能
⑦福祉サービスを必要とする人および家族のソーシャルサポートネットワークづくり機能
⑧サービスを利用している人の生活機能障害の本人需要と自己覚知を促し、サービス利用当事者同士が助け合うピアカウンセリング活動の組織化を図る機能
⑨個別問題の普遍性を明らかにし、同じような問題の再発防止および社会的に必要と認証され、制度化されるべき生活課題に対応するフォーマルケア確立機能
⑩福祉サービス利用者にとっても、社会資源の効率的運用面から考えても必要な地域トータルケアを推進するためのソーシャルアドミニストレーション（市町村社会福祉行政の運営管理）機能
⑪コミュニティソーシャルワーク実践で明らかになったニーズ解決のための、ハード面、ソフト面、アドミニストレーション面等を意識した政策形成に貢献する市町村地域福祉計画策定機能

豊島区ならびに社会福祉協議会の実践のなかで「大橋理論」とも言わ

れる地域福祉理論の精緻な構成から学ぶことは多かった。高度な理論展開なくして、社会的実践はあり得ない。

　豊島区では、CSW事業の創成期において、これら11の機能から学んだ4つのミッションをやり遂げている。それは、区民のこころをとらえた。豊島区で、**CSW**に求めた活動の目標を具体的に見てみよう。

　①独居者の見守りと支援
　　支援実績という、わかりやすい成果で区民の共感を得た。
　　＜実績をもたらした理由＞
　　　個人情報保護条例による個人情報活用の認定を受けている。
　　　民生委員児童委員、自治町会役員との強固な連携。
　　　ライフライン事業者との連携。
　②東日本大震災避難者の支援
　　臨機かつ機動的な活動であり、CSW事業の面目躍如である。
　　＜実績をもたらした理由＞
　　　伴走的支援で、避難の長期化に対応できた。
　　　避難者サロンを2か所運営して、避難者に連帯した。
　東日本大震災・原発事故の避難者対応は、まさに想定外であったが、こうした事態に迅速に対応できるのがCSWの特性であり、その活躍は多くの自治体に注目された。
　③困窮世帯児童・学童の学習支援
　　＜実績をもたらした理由＞
　　　貧困の連鎖を断つための施策であり、「格差社会」にあって必然の活動である。
　④相談活動・ネットワーク構築
　　＜実績をもたらした理由＞
　　　地域常駐により、きめ細やかな対応が可能となった。

　なぜ、このような活動が可能だったのだろうか。それは、やはり

CSW事業を社会福祉協議会が担ったことと関係がある。

## 4 社会福祉協議会と地域福祉の「主体」性

社会福祉協議会とCSW事業の親和性を考えたとき、次のようなことがいえる。

①社会福祉法第109条で「地域福祉向上のための団体」と位置づけられている。
②モデル事業においても、多様な地域資源と交流の深い社会福祉協議会のプロパー職員が担っていた。しかも、活動のほとんどは町会・民生委員児童委員との共催であった。
③社会福祉協議会は、町会役員・民生委員児童委員などの地縁に由来する団体と、伝統的に深い関係をもっている。
④多年にわたり「ふくし健康まつり」をはじめとするさまざまなイベントなどの事務局機能を担い、町会・婦人会・青年会・商店会等のボランティアの組織化についての豊富な経験を有している。
⑤子ども・障害者・高齢者等に横断的に対応するためには、地域に常駐して定着する必要がある。常駐するにあたっては、地域福祉の実績を備え、地域のなかでの活動と連携に長い歴史をもつ事業者でないと根づくことすらできない。「赤い羽根共同募金」事務局や会員制在宅福祉サービスである「リボンサービス」などを長期間展開してきた社会福祉協議会には、それがあった。
⑥個人情報の活用が可能となった。
　個人情報保護審議会の審議で認められた。相談を受けたときや、急迫した状況での通報があったとき、区の保有する個人情報のほとんどを活用できることとなった。

これらのうち②⑥以外は、全国の多くの社会福祉協議会がもつ「強み」

なのではなかろうか。CSW事業は社会福祉協議会の「専売」事業ではないが、上記のような「優位性」を多くの自治体の社協がもつことを考えれば、CSW展開について自治体に主体的に問題提起する検討が進むことを願うものである。

## 5 地域区民ひろばへの常駐体制

　豊島区における特徴的な施策といえる、「地域区民ひろば」にCSWの常駐事務所を配置する利点については、豊島区側と社会福祉協議会で次のような考察がなされた。

①セーフコミュニティの世界認証を取得するための取り組みにあたって、「地域区民ひろば」が安全・安心を守る拠点として高く評価された。
②「地域区民ひろば」は、地域住民が主体的に地域の課題に向き合い、互いに協力しあって地域の安全に取り組んでいる拠点である。
　CSWの配置によって、地域の課題を抽出して解決につなげる機能が一層高まる。
③一度に配置するのではなしに、必要性の高い地域に順次拡大していく計画である。すでに設置されている「地域区民ひろば」のうちから常駐場所を選択できる。
また、既設であるから施設コストがかからない。
④「地域区民ひろば」内のCSW事務所に常駐して、そこを活動の拠点とすることで、いち早く頻回に必要な場所に出向くことができる。

　こうした考察に基づき、CSWの常駐事務所が「地域区民ひろば」に設置される流れとなってきた。

　ところで、豊島区の法定計画である「豊島区地域保健福祉計画」に連

動する形で、豊島区民社会福祉協議会は「地域福祉活動計画」を策定している。CSW事業は「豊島区地域保健福祉計画」で、区の重点施策として位置づけられているので、双方の計画はCSW事業にとって車の両輪となっている。

2015年度は行政側の「地域保健福祉計画」と並行して、社会福祉協議会としての「地域福祉活動計画」の策定年度であったが、計画策定のための最上位会議である、2014年3月4日実施の「平成25年度第2回社会福祉法人豊島区民社会福祉協議会地域福祉活動計画推進委員会」では、次のような検討がなされている。この2015年は、豊島区内全域（8地域）にCSWが配置完了予定の年であった。

会議録から引用する。

| | |
|---|---|
| 委員長 | 続きまして、「平成26年度CSWの配置」について事務局より説明をお願いいたします。 |
| 事務局 （事務局は筆者） | （平成26年度CSWの配置について説明） |
| 委員長 | ただいま説明がありました「平成26年度CSWの配置」について質疑に入ります。 |
| A　委員 | CSWは包括（地域包括支援センター　注は筆者）の圏域で配置しているが、包括内ではなく区民ひろばに配置する理由について確認したい。 |
| 事務局 | 区民ひろばは、地域の方々に親しみやすい施設であり、セーフコミュニティーの拠点である。かつCSWが配置できるスペースが確保できる施設に配置している。 |
| A　委員 | 包括には配置できるスペースがなかったということか。今後包括に配置するということがあり得るのか。 |
| 事務局 | CSWの配置については、継続的に区の保健福祉審議会で討議されてきた。包括に配置するという案も検討されたが、区民とより接する場所としてふさわしいの |

| | | |
|---|---|---|
| | | が区民ひろばであるということで、区民ひろばに配置が決まった経緯がある。 |
| A　委員 | | 区民ひろばは区内に24か所あり、全てがセーフコミュニティの拠点である。1包括内に複数ある区民ひろばの中で、どうやって1か所を選び配置しているのか理由があればうかがいたい。 |
| B　委員 | | 包括の区域内に複数ある区民ひろばの中から、CSWの拠点としているのは現在1か所。そういった形で本当に大丈夫なのかという意見が議会から出ているのも事実。社協と協議をし、拠点はどうしてもスペースの関係で1か所とせざるを得ないが、拠点以外の区民ひろばにCSWが足を運び、運営協議会にも積極的に参加させて欲しいと話しをしたところである。 |
| 副委員長 | | 次年度CSWが4名増え、事業が拡大していくことは良いことだと思う。CSWは専門性の高い仕事なので、これまでやってきた職員と新規配属された職員との経験の差はあるかと思う。職員の協力体制や組織体制、支援体制はどうなっているのか。 |
| 事務局 | | CSWは高い能力が求められる。現在大正大学の協力を得て、大学院の福祉研究科に職員2名を派遣し、専門教育を受けているところである。また、新たに拠点を増やす時には、経験のある職員と新規配属の職員を組みにし、経験を積ませるように配慮している。 |
| | | 今後CSWの人数は増えていくため、区民に分かりやすく、かつCSW全体の統一を図るため、組織作りは社協全体で取り組んでいく予定である。 |
| A　委員 | | 現在CSWは2名ずつの配置だが、将来的には各ひろば1名ずつ、各ひろばに配置するということはあるのか。 |
| 委員長 | | その件については、次年度の活動計画の見直しでかな |

| | |
|---|---|
| | り議論される部分と思われるので、本日は一度事務局に答えてもらうが、本来は事務局主導で答えることは出来ない。 |
| 事務局 | 現在2名配置している理由として、一つはCSWを有効に活用している市区町村の経験、教訓を聞いて、2名配置は非常に効率が良いと判断した。1名では緊急事案にすぐに対処が難しい場合があったり、1名が訪問に出ていても1名は施設内にいるということで、区民に安心感を持って接することができるという理由がある。
もう一つは、重大な事案に向かうこともあるため、その時には2名の方が、不安が少なく対応できると考えている。 |

（平成25年度　第2回地域福祉活動計画推進委員会）

　CSW事業の活動範囲は、地域包括ケアシステムとの連携を重層的に図るため、各地域の高齢者総合相談センターの圏域に合わせている。区内8圏域の区域に合わせ、その範囲内にある「地域区民ひろば」のうちから、常駐する「ひろば」を選択した。

　常駐による、地域に密着した活動はすぐに成果を出した。圏域内にある「地域区民ひろば」で受けた相談を高齢者総合相談センターや子ども家庭支援センターにつなげたり、また同行して相談を助けたりと伴走型支援に努めた。権利擁護支援を行っている「サポートとしま」や、会員制在宅福祉サービスである「リボンサービス」等につなげたりする場合もあった。

　個別事例に対しての事例対応検討会議を開催する際にも、関係機関に参加を依頼し、情報を共有し解決方法を協議している。その後、中央高齢者総合相談センターに引き継ぐなど、緊密な連携を図って事業を進めている。

　子どもに関する支援についても、夏休みと冬休みにボランティアの協

力のもと、東部子ども家庭支援センターと共催で、要支援家庭の子どもに対する学習支援を開催している。

「地域区民ひろば」を所管する地域区民ひろば課でも、次のように総括している。

① 福祉相談を区民ひろば朋有、上池袋で実施した。実績は2010年度12月末現在で36回38件（2009年度は20回61件）であった。
② 地域区民ひろば課としては、地域コミュニティの拠点、セーフコミュニティのステーションの機能の強化を図るためにCSW事業との連携を模索している。
③ 「地域区民ひろば」はさまざまな活動、事業を通して地域の活性化を推進している。今後は地域における高齢者や子育て世代の孤独、孤立の防止に向けて地域の力で解決できるようなしくみづくり（新たな支え合いの地域づくり）が重要と認識している。
④ 新たな支え合いの地域づくりには、「地域区民ひろば」の運営のために組織された運営協議会の活動が大いに期待されるものである。今後はCSW活動を周知し、地域からの情報・意見交換による問題事例の発掘を行い、解決に向けてはCSWのコーディネートをはたらきかけていく。
⑤ 「地域区民ひろば」で実施している事業（一人暮らし高齢者対象の食事会、健康体操、認知症予防講座等）におけるCSWとの連携を図り、支援のあり方について検討を行う。
運営協議会や「ひろば」の利用者に向けた一層のPRを行い、CSWの活動に協力するボランティアの確保、人材の育成を図る。

「地域区民ひろば」にCSWを配置したことは、おおむね成功といえるだろう。

そしてこのことが、区民の信頼獲得の決め手となり、CSWの特性「インフォーマル・ケアの活用」から生じる「成果保証の困難さ」を克服することにつながったのである。

# 第3節 地域に生きるCSW

## 1 地域とともに

　一言で、地域に新たな支え合いを構築すると言っても、そこにはさまざまな困難がある。初めて地域に降り立ったCSWの創成期における生の声を聴いてみよう。

①個別の相談について、新たな支え合いの創出を模索するが、地域で協力していただける方を探すのが困難であった。
②豊島区の都心型のコミュニティは、隣近所の付き合いが予想以上に皆無に近く、特にマンション等は、中に入ることも難しく、その他の住宅でも、隣がどのような人かもわからない状況である。
③このようななかで、自主的に地域で支え合っているケースもあった。そうしたケースについては、支援される側、当事者の方が、長年にわたって地域でボランティアを行ってきた。
④やはり頼りになるのは、民生委員児童委員や町会自治会、青少年育成委員等の団体である。活動のノウハウ等ももっている。しかし、町会等については、近年加入率が低い。
⑤今後、地域の協力員をどのように探していくのか、育成していくのかが課題である。
⑥しかし、モデル事業の3年間で、学習会などの具体的な事業のボランティア、協力員として参加していただくことによって、次のボランティア、協力員としての参加の壁が低くなる。協力しやすくなるということも実感した。
⑦こうした協力者を広げていくことが、一見遠回りに見えるが、着実に事業を展開していく近道であると感じた。
⑧現在、「地域区民ひろば」で行っている「見守りと支えあいネットワー

ク事業」の協力員等との協力が可能であるか、検討していきたい。

　これらの声には、地域に常駐する不安とその反面での自信が生々しく反映されている。
　こうした、現場での体験は貴重であるが、その経験から普遍的な知見を導いていくことが、さらなる発展につながる。豊島区では、CSW事業を研究する学識経験者からスーパーバイズを受けることで、体験を理論化した。
　2名のスーパーバイザーは、いずれも地域福祉に造詣が深い大学教授で、おおむね2か月に1回、**CSW**との打ち合わせを行い、事業全般、特に活動方針、方向性について専門家としてのアドバイスを受けた。
　スーパーバイザーは本書の筆者でもある、石川到覚、神山裕美の両氏であった。

## 2 CSWは、何ができなければならないか？

　CSWが地域に常駐するに際し、まず初めに、CSW事業の「わかりにくさ」を説明できることが重要であった。どんなに理想的な先駆事業であろうと、目指す目標と、その道筋が理解されなければ、地域において力量を発揮することはできない。しかも、それは実践で示されなければ、絵に描いた餅であり、誰からも相手にされない。
　具体的にどのような活動をして、どのような成果を上げてきたのか、初年度と2年目を見てみよう。
　2009年度は、広報・周知と地域のなかへの浸透を重視して取り組み、町会事務所等で行う役員会や民生委員児童委員協議会でCSWの役割と事業の説明会を66回実施した。そのなかで相談も117件受けている。
　また、圏域内の「地域区民ひろば朋有」と「上池袋」の2か所を窓口とした出張相談を20回実施し、61件の相談を受けている。
　2010年度は、「地域区民ひろば」で実施している相談事業を充実させ

るとともに、困難を抱えている個別事例への支援を強化した。例えば、ごみ屋敷問題への取り組みや、困難を抱える家庭の子どもへの学習支援活動を、ボランティアの協力を得て夏休みと冬休みの期間に実施した。

なお、事業の周知については、活動圏域の中央高齢者総合相談センター（地域包括支援センター）圏域内ではかなり周知されてきたが、活動圏域外の区民には浸透が弱い点もあるので、周知に努めた。

豊島区のCSW事業は、2012年度からの実施にあたっては、
①社会福祉士あるいは精神保健福祉士の国家資格を有すること
②CSW専任であること
③地域常駐であること
④区のもつ個人情報を活用できること
の、4原則を掲げることで、実行力と専門性を担保したが、モデル事業から本格実施に至るまで、多くの「区民のこころをとらえる」活動に注力したことは、重要な発展の契機になった。

これらの原則が意識化されないままで、形だけの取り組みに終わっていたなら、いつまで経っても、地域に根差したCSW事業にはならなかっただろう。

## 3 2009〜2018年度の豊島区民社会福祉協議会のCSW事業を振り返る

CSW事業は、2009年3月に策定された「豊島区地域保健福祉計画」の重点施策として位置づけられている。対象は、年齢に関係なく、高齢者や障害、児童等で、社会生活を営むうえでさまざまな課題を抱えた家庭である。

**CSW**は、要支援者に対して、町会や民生委員児童委員といった既存の地域活動団体に加え、ボランティアや近隣の地域住民の力をコーディネートし、「新たな支え合い」を実現するものと位置づけられた。

2009年度、2010年度、2011年度は、モデル事業として社会福祉協議

会が、中央高齢者総合相談センター（地域包括支援センター）の圏域に、2名のCSWを配置しており、区は必要な人件費や事業費を助成した。この時点では、中央地域に社会福祉協議会本部があったことから、本部事務所を拠点に活動していた。

　区との連携体制については、2009年度は事業実施初年度でもあり、事業連絡会を8回開催し、事業のあり方や到達点の確認、問題点、事業のあり方等を協議した。2010年度は、部会を設け、12月までに連絡会を3回、部会を8回開催して課題を整理し、共有している。さらに、ケースに応じて区のCSW事業所管課のほかにも生活福祉課、防災課、危機管理担当課などと連携を図っている。また、保健福祉審議会には適宜報告を行って、意見交換している。

　区が模索する「新たな支え合い」のネットワーク化については、町会・自治会、民生委員児童委員等の既存の地域団体のほかに、新たな支援者を育成することが課題となっている。

　また、現場との接点においても、地域で支援が必要と思われる場合でも本人の拒否にあう場合もある。そうしたときに地域常駐のCSWの活動は欠かせない。しかし、地域差個人差はあるが、支援をする側も受ける側も慣れていないため、浸透するにはある程度の時間がかかると受け止めていた。この点は、2019年現在から振り返ると、こうした浸透に要した期間は、当初感じていたよりも短い期間で一定の水準に達したように思う。

　さらに、支援のネットワークを構築するうえでの個人情報の取り扱い方法や、情報の共有についても慎重な取り扱いが求められている。ところが、実施圏域内でのCSW事業の周知は3か年でかなり進んだ。このことが行政側への後押しとなって、第2章第5節に記載する「個人情報」取り扱いに関する課題解消を可能にしたものと考えている。

　しなしながら、高度に都市化した豊島区においては、セキュリティ機能の強いマンションやプライバシーの壁があり、さらなる周知活動は必

要と考えている。

　これからも、新たな課題発見、手法の開発など、CSW事業の進化を図っていくことが求められよう。

## 第4節 豊島区民社協の名称変更

　本節では、2013年に行った「社協」の名称変更について記述する。
　本書のテーマとは直接的な関係はないが、CSW事業の実施と歩を同じくして組織全体のあり方を見直す取り組みであり、「豊島区社協」を語るうえで外すことのできないエポックとして紹介させていただきたい。

　2011年6月、豊島区社会福祉協議会（以下「社会福祉協議会」という）は、地域福祉活動計画を策定するにあたり、地域住民のさまざまな意見、要望、課題等を集約した活動計画とすべく、「地域懇談会」を区内8か所（地域包括支援センター圏域ごとに）で開催した。
　ある地域での懇談会の冒頭に参加者の自己紹介を行ったときだった。参加者の一人から「今日は社協が私たちに何をしてくれるのかを楽しみに聞きにきました」との発言があった。この方は、地域ではさまざまな活動をされている方である。そのような方でさえ社会福祉協議会とは何者と認識されており、住民としてどのようにとらえているのかを物語る貴重な発言として受け止めた。
　筆者が区の部長職の時にも区民の方から「役所の職員さんが一生懸命してくださるので本当に助かります。ありがとうございます」とお礼の言葉を頂いたことがある。後日確認したところ、社会福祉協議会の自主事業である「リボンサービス」という会員制の有料在宅福祉サービスの事であることがわかった。この事業は、高齢や障害、子育てなどさまざまな理由で日常生活において支援を必要とする区民の皆さんに、家事援助を中心としたサービスを地域の皆さんの参加と協力によって行う事業で、利用にあたってのさまざまなコーディネートを社協の職員が行っているのである。その職員を区民の方は区役所の職員と思っていたようだ。区民に対してさまざまな福祉サービスを提供するのは行政、つまり「区

役所」と思っていて、担当した職員を区の職員と思い込んでいたようだ。つまり、社会福祉協議会についてはその程度、区行政の一部との認識なのである。その後、社会福祉協議会勤務となった筆者は、職員にこの話をした。「皆さん、悔しくないですか？　皆さんが一生懸命にやっていても行政が感謝をされているのですよ。もっと社会福祉協議会を知ってもらいましょうよ」と。

　区民の皆さんの社会福祉協議会に対する認知度が想像以上に低いことは、別の機会でもわかった。行政が策定する「地域保健福祉計画」の予備調査として、世論調査を定期的に実施するが、そのなかで社会福祉協議会の認知度を測る項目を設定したところ、知っていると答えた人が2007年のときは28.5％、2010年では30.1％という結果であった。質問の仕方や調査対象母数、回収率も関係するが、想定外の低さであったのである。

　そこで社会福祉協議会の当面の活動目標として、「見える化」と「社会福祉協議会は何者」を2大テーマに、活動していくことにしたのである。

## 1　見える化〜「何でもさん」と呼んでもらえる存在に

　まず、「見える化」については、社会福祉協議会名を背中にプリントしたブルーのジャンパーを全職員に配付し、事務室内はもちろんのこと、外出時には必ず着用するようにし、地域団体等が主催するイベント、会合等に参加、出席するときも必ず着用することにした。

　また、電話相談や地域での課題・問題が発見されたときには速やかに出向くなど、現場主義を徹底した。そうしたことが功を奏し、青いジャンパーを見ると社協の職員ということが区民の皆さんに徐々に認識されるようになり、CSWが地域を歩いていると「あ、何でもさんが来た」と言ってもらえるようになったのである。CSWは「相談は断りません」を旗印に、何でも受けてその対応・解決に相談者や地域の方々と

一緒に全力で取り組んでいることが区民の皆さんにも受け入れられ、地域によっては CSW を「何でもさん」と呼んでくれているのである。前述した「リボンサービス」の件においても、社協の事業でコーディネートしているのは社協の職員であるということが広く認知されてきたのである。

さらに、社会福祉協議会の四季を通したさまざまな活動の様子を、プロモーションビデオにし、さまざまな機会に上映するとともに、社会福祉協議会のホームページでも閲覧できるようにした。

## 2 社会福祉協議会は何者

さて、もう一つのテーマ「社会福祉協議会は何者」についてである。

社会福祉協議会の「見える化」以上に、住民の皆さんに社会福祉協議会って何者なのかということを理解していただくことが重要なのであるが、これが簡単なようでなかなか難しいのである。

「社会福祉協議会は、地域の皆さんが、さまざまな生活課題や福祉活動に取り組むときに、一緒に行動する専門職のいる集団・団体で、住民が安心して暮らせるよう、地域福祉を推進する組織なのですよ。関係者がさまざまな福祉課題・問題などについて、みんなで協議しながら対応していく協議会なのですよ」と学習会やさまざまな会合など機会あるごとに説明しても、「何となくわかったような気がするがピンときません。スッキリしません」という率直な意見をいつもいただいていた。こちらの説明も下手なのかもしれないが苦慮していたのである。

住民の皆さんは、これまでの経験等から、社会福祉協議会は行政組織の一部、あるいは、福祉関係のサービスをしてくれる第三者的団体、何か要望すれば応えてくれるべき団体、という印象を非常に強くもたれ、受動的な受け止め方をされているという印象であった。簡単に言えば福祉のことを専門にやっている一事業所に見えていたのだと考えられるのである。このことは、これまでの社会福祉協議会のあり方にも大きな原

因があったのである。現在でこそ「アウトリーチ」という言葉が普通に使われているが、その昔においては、行政も社会福祉協議会もそれにはほど遠い形態での業務執行をしていた時代があり、その影響が大きく残っているものと感じたのである。「何かあったら電話をください。窓口に来てください」というのが普通であり、してもらう側、してあげる側、という認識であったのである。

とにかく、「社会福祉協議会は、行政の一部門ではありません。民間の社会福祉法人ですよ」ということをわかりやすく説明し理解していただくにはどうしたらいいか、何かよい方法はないか、と毎日のように考えていた。

ちょうどその頃、冒頭に述べたが社会福祉協議会の「地域福祉活動計画」を作成中で、他区市町村の社会福祉協議会の活動計画書をいろいろと眺めていたのであるが、そのときにふっと感じたことがあった。それは豊島区社会福祉協議会の計画名もそうだが、他の社会福祉協議会も自治体名の後に地域福祉活動計画となっている。

一方、自治体の地域福祉計画は「豊島区地域保健福祉計画」となっており、他の自治体でもほとんど同じようなタイトルになっているのである。これでは住民にとって区別がつくわけがなく、自治体がつくっている計画書、社会福祉協議会も自治体の一組織、計画書もその組織の計画書と受け止められても不思議はないと感じた。

そこで、まず計画書名を、「区民の皆さんが自分たちで意見を出し合ってつくった自分たちの計画書」であると意識できるように「民」という一文字を入れて「豊島区民地域福祉活動計画」としたらどうか、と策定委員会に提案したところ、即了承されたのである。そして、筆者はその時点では意識していなかったが、法人名そのものの名称が行政の一部と勘違いされやすい名称なので、この際、「名は体を表す」という諺から、組織名も「民」の一文字を入れて「豊島区民社会福祉協議会」としたらどうか、とまずは策定委員会で意見を聞いたところ、これも「よいのではないか」となった。

法人名の変更については、所轄庁の認可が必要だが、その前に自治体の首長への説明と了承が大前提であり、また議会に対しても説明・理解が必定であるので、正直なところ躊躇するところでもあった。しかしながら、折しも翌年の2013年に豊島区社会福祉協議会創設60周年という節目の年を目前としていたので、名称変更については是非とも実現し、「区民とともにある区民の皆さんの社会福祉協議会」であることを区民の皆さんに効果的に発信する絶好の機会であるとの想いから、実現に向けて行動を開始したのである。

　この名称変更については、首長や議会関係者に、「……つきましては、『名は体を表す』といいます。豊島区社会福祉協議会が、区民の皆さんをはじめとする多くの福祉関係者等の構成により、関係者の皆さん自身が主体的に参加している組織であるという認識を確固たるものにしていくために、法人の名称を現在の『社会福祉法人　豊島区社会福祉協議会』から『社会福祉法人　豊島区民社会福祉法人』に変更するものです。『区民の皆さんの社会福祉協議会』ということを前面に出し、これまで以上に地域福祉を推進してまいりたいと考えております」と説明したところ、首長はもとより議会からも力強いご支持をいただいたことを昨日のように思い出す次第である。

　そして、所轄庁の東京都からも名称変更については、スムーズに定款変更の認可が下り、2013年5月19日（日）、豊島区社会福祉協議会創設60周年記念式典の場で名称変更を行ったのである。

## 3　区民が主役の「新たな助け合い」へ

　また、この社会福祉協議会創設60周年の記念誌を発行するにあたり、社会福祉協議会が常日頃から何かとお世話になり、地域福祉活動計画の策定委員会の委員長でもある早稲田大学の田中英樹教授よりご寄稿いただいた。

　そのなかで田中教授は、「地域福祉を推進する束ね役は、申すまでも

なく社会福祉協議会です。しかし、従来の豊島区社会福祉協議会という名称は、区民に社会福祉協議会があたかも行政の一機関であるかのような誤解を生みやすいものでした。社会福祉協議会は公共性の高い機関ですが、地域住民や社会福祉関係者が主要な構成員である民間組織です。区民が主役で、営利を目的としない民間性を活かしながら公私協働を進めるこれからの社会福祉協議会を展望すると、この『民』の一文字を入れた豊島区民社会福祉協議会への名称改正は、『新たな支え合い』活動を推進する『新たな革袋』への脱皮とも言えるでしょう。これからは地域住民が『区民』としての自覚に立ってその内実を形づくっていくと期待しています」と名称変更の意義を強調してくれている。

（後日談）
　名称変更後も従前と同じようにあらゆる機会に、法人名に「民」を入れた理由とともに、社会福祉協議会は何者なのかと説明すると、多くの方から「目から鱗です」と言われたことを鮮明に記憶している。

# 第5節 震災支援とその効果

　本節ならびに第6節では、第3章で紹介する実践例とは別に、モデル実施期からテイクオフへと差しかかる時期を象徴する「震災対策とその効果」と「学習支援のはじまり」を紹介したい。

　地域づくりというCSWの機能を、区民にそして行政にも強く実感させたという意味で重要と考えるためである。豊島区のCSWが本当の意味でテイクオフした時期の画期となる事業といえよう。

　2009～2010年度のモデル事業を継続して、豊島区のCSW事業が3年目を迎えようとしていた、2011年3月11日午後2時46分、これまでの観測史上最大の巨大地震である「東日本大震災」が発生した。豊島区でも震度5強の地震が約2分間継続し、そのときちょうど開催中の区議会予算委員会は、1時間以上の中断を余儀なくされた。

　またこの巨大地震は巨大津波を伴い日本社会を根こそぎ崩壊させるような、甚大な人的、社会的被害をもたらした。また、この津波は東京電力福島第一原子力発電所の冷却機能を喪失させ、炉心溶融、水素爆発による、未曽有の放射能汚染をも引き起こした。死者、行方不明者は約1万8千名、建築物の倒壊件数は約40万件。住み慣れたふるさとを離れた避難者数も40万人を超えた。こうした状況から、豊島区も区民住宅等に被災者の受け入れを行うこととなる。

　区内に避難した被災者の生活状況の聞き取りや生活支援に大きな力を発揮したのが、まさに3年目を迎えた、2名のCSWであった。また、区民ひろばと連携した学習会などの地域支援、被災地へのCSWの派遣や区内の2か所の被災者サロンの運営にも協力した。

　その結果、豊島区行政にもCSWの存在意義が大きく印象づけられ、それ以降の豊島区内の全域配置への布石となったのである。

## 1 被災者支援

　CSW を配置している中央高齢者総合相談センター（中央地域包括支援センター）圏域内に、たまたま豊島区が被災者受け入れを行った区民住宅ソシエ東池袋が所在していた。

　2011 年度、CSW は東日本大震災被災者の総合的支援を行うため、入居手続きの立会い、生活状況の聞き取り調査や入居後の生活支援を行っている。支援世帯の内訳は岩手県より 1 世帯、宮城県より 2 世帯、福島県より 17 世帯の計 20 世帯で、うち乳幼児のいる世帯が 4 世帯、高齢者のみの世帯が 6 世帯、高齢者を含む世帯が 7 世帯などであった。主な支援内容は、お年寄りの介護や就学、就園相談など、さまざまな困りごとに対し、介護保険のケアマネジャーや教育委員会等の行政機関との調整を図ったほか、保育所の入所手続きや求人情報の提供、さらには民生委員児童委員の協力を得て、飼い犬をペットショップに安価で預かってもらうなどのきめ細かい対応も行っている。こうした被災者への個別支援を通じ、民生委員児童委員やケアマネジャー、教育委員会のスクールソーシャルワーカーからの信頼も高まっていった。

　2011 年度の CSW 事業実績によると、総合的な福祉相談の件数は 490 件で、前年度より約 150 件増加している。相談件数のなかには 201 件の被災者支援が含まれており、2 名の CSW が精力的に被災者支援に取り組んだ実態がうかがえる。そして災害者支援の相談はその後も継続され、2012 年度は 106 件、2013 年度は 34 件と減少し、区内被災者数の減少に伴い、被災者支援も次第に終息期を迎えていく。

　なお東日本大震災が発生した 2011 年 9 月には、豊島区議会の招集挨拶のなかで、高野之夫豊島区長は「区内には、原子力発電所事故の影響が危惧されている福島県などから、200 名近い方々が避難されています。こうして避難されている皆さん一人ひとりのもとに、CSW が直接訪問のうえ、必要な支援の詳細をお聴きし、関係の諸機関と連携して解決にあたっております。支援を必要とする人々の多様なニーズと、さまざま

な福祉の社会資源を結ぶ絆になるというCSW事業の本領を発揮した活動であると考えています」と述べ、CSW事業を高く評価している。また高野区長は同じ招集挨拶で「今後は、この事業を本格的に展開し、区民誰もが、必要とする、多様できめ細かい福祉サービスを受けられ、地域のなかで孤立することなくつながりをもって生活できるようにするための先駆的な地域福祉システムの構築を目指してまいりたい」との考えを示した。

　東日本大震災の被災者支援も一つの契機となって、2012年度以降、順次CSWの配置を拡大する方針が確立されていく。

## 2 地域支援

　2011年度は被災者の個別支援以外に、被災者に対する地域支援活動の取り組みも行われている。具体的な内容としては、被災者が居住する地域区民ひろばと連携し、地元町会や民生委員児童委員、地域住民などの協力により、地域ぐるみの被災者支援や被災者の不安解消のための学習会、講演会などの開催である。

　地域支援の取り組みは2011年度には、2か所の区民ひろばで計8回開催され、延べ241名が参加している。そのほか、被災地の実態をより広く区民に知ってもらうため区民センターで開催された「東日本大震災現地報告・写真展」などへも、CSWが参加し、事業実施の協力を行っている。

　こうした地域支援の学習会や講演会活動の取り組みは2012年度以降も継続され、地域住民が被災者を支援しようという理解の促進だけでなく、改めて地域ぐるみの防災活動を見直す必要性や、災害時の要援護者支援問題を考える契機ともなっている。

## 3 CSWの被災地派遣

　東日本大震災の被災地支援のため、東京都社会福祉協議会の要請により、2011年3月26日（土）～30日（水）の5日間、豊島区民社協はCSW1名を福島県相馬市に派遣した。

　相馬市では相馬市ボランティアセンターの運営支援に参加し、被災者からのニーズ調整やボランティア受付、マッチング、炊き出し受付など、ボランティアセンター業務全般を担当した。相馬市ボランティアセンターには連日、市内や福島県内外から150名を超えるボランティアが駆けつけ、避難所の運営支援、福祉施設の職員補助、家の中に入った泥のかき出し、破損家具やごみの片づけ等に従事した。

　また2011年の秋にも東京都社会福祉協議会からの要請を受け、CSW1名を、被災地へ派遣している。日程は9月19日（月）～26日（月）までの8日間、派遣先は福島県川内村社会福祉協議会であった。支援活動の内容は、仮設住宅支援に携わる生活相談員のサポートのほか、生活状況調査の内容検討、ボランティアの受付・調整業務、復興支援センターとの連携調整、被災者への緊急対応など多岐にわたった。

　こうした被災地支援の実体験は、前述の「東日本大震災現地報告・写真展」の開催にも活かされている。

## 4 被災者サロンの開設など

　このほか2011年度には、被災者支援を目的とした「巣鴨さろんカモノス」と「千川サロンゆうゆう」の2か所のサロンが開設され、CSWも「巣鴨さろんカモノス」の活動支援に携わっている。このサロンでは被災者相互や近隣住民とのおしゃべり、区内や都内の名所散策などを定期的に開催し、被災者支援や相互交流の促進に大きな効果をあげた。このサロン活動を通じ、翌年には埼玉県和光市社協の協力により、和光市駅前の農園で「やさいづくり」を行い、懐かしい土いじりを体験した被

図表 1-1　CSW の配置数と個別相談、被災者相談件数（2010 〜 2015 年度）

| 年　度 | 2010 年度 (H22) | 2011 年度 (H23) | 2012 年度 (H24) | 2013 年度 (H25) | 2014 年度 (H26) | 2015 年度 (H27) |
|---|---|---|---|---|---|---|
| CSW 配置 | 1 か所 | 1 か所 | 3 か所 | 4 か所 | 6 か所 | 8 か所 |
| CSW 人数 | 2 名 | 2 名 | 6 名 | 8 名 | 12 名 | 16 名 |
| 個別相談（件） | 347 | 289 | 1,123 | 1,771 | 5,806 | 6,706 |
| 被災者相談（件） | — | 201 | 106 | 34 | 16 | — |
| 合　計（件） | 347 | 490 | 1,229 | 1,805 | 5,825 | 6,706 |

災者から好評を得た。

　また同じ 2012 年度から、全国の一流レストランのシェフさんの団体である、内閣府認定公益社団法人「全日本司厨士協会」の全面的な協力により、被災者を対象とした昼食会が開始された。この催しは、一流ホテルの総料理長やシェフさんが社会貢献活動として東日本大震災の被災者を招待し、こころを込めた料理をふんだんにふるまい、おいしい料理と楽しい歓談で被災者を元気づけるという試みで、この昼食会は、現在も毎年、1 回開催されている。

　その後「千川サロンゆうゆう」は利用者の減少に伴い終了したが、「巣鴨さろんカモノス」は 2019 年現在も週に 2 回、火曜日と木曜日に開催している。

　自然災害のもたらす地域コミュニティのダメージは計りしれない。全国の被災地や、それを支援する自治体がもてる力を傾注してダメージを受けた地域の「新たな地域づくり」に取り組んでいる。その重い事実を前に、CSW という手法で課題解決できるなどというつもりは毛頭ない。だが、CSW が側面から支援できる部分もある。特に「寄り添う」というソーシャルワークの基本をコミュニティレベルへと展開していく機能は、今後の災害後の取り組みとして一層注目されてくるものと考える。

# 第6節 学習支援のはじまり

　2009年4月から開始した、「コミュニティソーシャルワーカー配置モデル事業」では、実施の当初から、その対象を「子どもから高齢者まで、支援が必要な区民」ととらえている。同時に、さまざまな格差の拡大、少子高齢化や核家族化等の進展に伴い、家族内の多様な福祉ニーズが顕在化し、虐待やサービス拒否などの複合的な課題を抱える家族が増加しているとの問題認識のもと、課題を抱える高齢者、障害者、子ども、またはその家族に対する適切な個別支援だけでなく、さまざまな専門家、事業者、行政、ボランティアそして地域住民との連携、ネットワーク化による地域支援活動の推進も視野に入れていた。

　こうした事業理念に基づき、CSW活動の周知、総合相談窓口の開設、福祉ニーズの実態把握、地域のネットワーク化などの手探りの取り組みのなかで、地域の子どもの学習支援の課題が認識されていく。その結果、モデル事業の2年目には「ひまわり学習会」と「ちゅうりっぷ学習会」が発足し、その後、豊島区内の要支援家庭の学習支援活動として定着していく。

　現在では、豊島区内には社協以外にも10以上の団体による学習支援活動が展開されており、2015年には活動団体と行政機関が協力して「としま子ども学習支援ネットワーク（通称：とこネット）」も結成されている。こうした学習支援活動の定着も、CSW事業の大きな成果といえる。

## 1 要援護家庭の子どもに対する学習支援の必要性

　2009年度より開始されたコミュニティソーシャルワークモデル事業では、町会、民生委員児童委員等に対する活動の周知、区民ひろばにおける総合相談窓口の開設、広報紙の作成・配布、町会・民生委員児童委員と協力した地域の実態把握、行政機関との定期的な意見交換等を行い、

手探りの事業展開が図られていた。

　こうした取り組みのなかで、地域の民生委員児童委員から「地域の子どもが、ホームレス支援団体の炊き出しに並んでいた」という情報が寄せられた。この情報がきっかけとなり、貧困、ネグレクトなどによって食事が摂れない子どもの実態を把握するとともに、支援が必要な状況にある家庭の子どもに、勉強の遅れや学習意欲の低下という共通の課題が見られた。そして民生委員児童委員、青少年育成委員、子ども家庭支援センター、学校、警察などと協力し、延べ5回の「子どもまつり」を開催し、小中学生およびスタッフを含め、合計408名が参加する。この「子どもまつり」の成果として、①直接、子どもの声を聴くことができ、家庭の情報が共有化された。②子ども支援に関する、行政機関、ボランティア団体との連携が拡大、強化された。③参加ボランティア自身が学習支援の方策を考える契機となった、等があげられる。

　また、子ども向けの相談コーナーを設け、子どもからの悩み、問題等に対応して、子ども家庭支援センターなどの行政機関が、定期的な訪問を行うようになっていく。

## 2　ひまわり学習会、ちゅうりっぷ学習会等の発足

　モデル事業の2年目は、「個別支援から地域支援へ」という視点が強く意識されていた。そして学習支援についても、前年度の状況認識を踏まえ学力が低下し、教科学習に追いつかない子どもたちに対し、基礎的学力や生活技術の基本を身につけさせることを目的とした学習活動が開始された。具体的には、地域の支援者との協力関係を通じて、精神的安定を図ることを目的とした学習会の開催に向け、豊島区の行政機関である東部子ども家庭支援センターと連携し、ひまわり学習会が発足する。

　「ひまわり学習会」は東部子ども家庭支援センターを会場として、2010年7〜8月の夏休み期間中、午後2〜4時の2時間、延べ10日間開催された。一学期の復習や夏休みの宿題学習による基礎的学力の獲得

のほか、食事やおやつづくりなどの生活技術の基本を身につけることも狙いとした。小学生の参加は9名で、民生委員児童委員、青少年育成委員、学生など17名が協力している。この学習会は、学習支援本来の目的として、子どもたちに「生きる力」を育む教育活動が展開できたことはもちろんのこと、関係機関との連携、ネットワーク化、人材の発掘を基盤とした学習支援活動の開催という、まさにCSWの特性を活かした取り組みといえる。また、ひまわり学習会の成果として、①子どもの能力に応じた学習支援の展開。②1対1のかかわりによる情緒の安定化。③子どもスキップの職員による児童の送迎。④民生委員児童委員のはたらきかけによる学習会への参加。⑤学習ボランティアの発掘と学習支援への動機づけ等が、あげられる。

　ひまわり学習会の成果および反省を活かし、子どもスキップ西巣鴨と東部子ども家庭支援センターとの連携により、2010年12月から翌年3月、午後3時30分～4時30分の1時間、延べ8日間「ちゅうりっぷ学習会」が開催される。ちゅうりっぷ学習会は高齢者施設、菊かおる園の集会所で開催され、毎日の宿題や冬休みの宿題など基礎的学力の獲得のほか、邦楽の鑑賞会なども行われている。小学生は8名参加し、民生委員児童委員などの協力は13名であった。ちゅうりっぷ学習会の成果としては、①ひまわり学習会から継続して参加した児童もおり、リラックスして学習ができた。②児童とスタッフの信頼も高まり温かい笑いも生まれた。③スタッフ相互の連係、信頼が強化された等である。

　その後、ひまわり学習会は東部子ども家庭支援センターの移転によって途切れてしまうが、2012年度には「ちゅうりっぷ学習会」に「にじいろ学習会」（会場：区立池袋本町小学校）が加わり区内2か所での実施となり、さらに2014年度からは「あおぞら学習会」（会場：区立千早小学校）も加わり、区内3か所の実施体制となって現在に至っている。

## 3 学習支援ネットワーク化の試み

　豊島区民社協で実施している3か所の学習会以外に、現在、区内では民間団体による14か所の学習支援活動も展開されている。こうした区内の学習支援団体の情報共有や連携強化を図るため、2015年6月に「としま子ども学習支援ネットワーク（通称：とこネット）」が結成される。結成当時の参加団体は4団体、8教室で、豊島区および豊島区民社協も加わり、豊島区民社協のくらし・しごと相談支援センターが事務局を務めている。

　「とこネット」の目的は、「子どもたちが安心していきいきと過ごせる場所を提供し、子どもたちが環境等に左右されることなく、学びの機会をもてる地域であることを目指し、豊島区内での無料学習活動、子どもへの支援活動の輪が広がるよう活動をすすめる」としている。主な活動内容は、月1回の定例会の開催による活動状況の共有および事例検討、共同パンフレットの作成、合同ボランティア説明会の開催（年1回）、受験・進学相談会の開催（年1回）、フォーラムの開催（2016年度開催）

図表1-2　ちゅうりっぷ、にじいろ、あおぞら学習会の実施状況（2012～2017年度）

| 学習会<br>(回数、延べ参加者数) | | 2012年度<br>(H24) | 2013年度<br>(H25) | 2014年度<br>(H26) | 2015年度<br>(H27) | 2016年度<br>(H28) | 2017年度<br>(H29) |
|---|---|---|---|---|---|---|---|
| ちゅうりっぷ学習会 | 開催回数 | 10回 | 14回 | 23回 | 23回 | 19回 | 16回 |
| | 子ども | 74名 | 135名 | 194名 | 330名 | 135名 | 202名 |
| | 支援者等 | － | 294名 | 374名 | 598名 | 241名 | 219名 |
| | 計 | 74名 | 429名 | 568名 | 928名 | 376名 | 421名 |
| にじいろ学習会 | 開催回数 | 8回 | 8回 | 7回 | 9回 | 9回 | 11回 |
| | 子ども | 33名 | 54名 | 87名 | 246名 | 190名 | 386名 |
| | 支援者等 | 71名 | 128名 | 150名 | 187名 | 175名 | 285名 |
| | 計 | 104名 | 182名 | 237名 | 433名 | 376名 | 671名 |
| あおぞら学習会 | 開催回数 | － | － | 22回 | 30回 | 27回 | 30回 |
| | 子ども | － | － | 419名 | 957名 | 707名 | 778名 |
| | 支援者等 | － | － | 311名 | 283名 | 321名 | 347名 |
| | 計 | － | － | 730名 | 1,240名 | 1,028名 | 1,125名 |

等で、各団体においては独自活動の展開を基本とし、「とこネット」としての活動には特にルールを設定してはいない。定例会では、できるだけ多くの区民に対する周知活動の強化、活動費の確保、ボランティアの不足、学習活動の拡大、地域との共同など、さまざまな課題の共有化が図られている。また「とこネット」の活動を通じて区内の社会福祉法人フロンティアからパンの提供を得るなど、行政や関連団体からの支援も得やすくなるなどの成果もあがっている。

### 引用文献

1) 大橋謙策『社会福祉入門』放送大学教育振興会、155～156頁、2012年
2) 大橋謙策「機能」日本地域福祉研究所監修、中島修・菱沼幹男編『コミュニティソーシャルワークの理論と実践』第1章第2節　中央法規出版、27頁、2015年

### 参考文献

・全国公民館連合会「公民館のゆらぎとその可能性―平成25年度全国公民館実態調査結果検討報告―」2016年（http://kominkan.or.jp/03book/zenko/pdf/20160330chosa.pdf、最終アクセス：2019年3月8日）

第 **2** 章

# CSWを自治体が専任配置で施策化する戦略と技法

# 第1節 予算

　本章では、第1章での社会福祉協議会サイドの視点を補完する行政サイドの視点から導入のプロセスを振り返りたい。一見すると、豊島区という個別の自治体の固有のプロセスのように見えるかもしれないが、予算編成や活動拠点の確保など、他の自治体でも頭を痛めている課題について、可能な限り実情を記載し、CSW の導入の参考としていただければと願う次第である。特に、自治体が政策を決定するうえで欠かすことのできない予算編成や議会への説明を縦軸に、そして部局間調整などを横軸に、自治体が人員や個人情報の取り扱いという執行のしくみを構成してきた具体的な経過を中心に記述したい。

　序章冒頭における「構造変化とニーズ変化」については当然、豊島区でも課題として認識され続けてきた。
　2008 年頃の「豊島区保健福祉審議会」でも検討されている。そうした結果が 2009 年 3 月策定の「地域保健福祉計画」としてまとめられた。そして、この時が、豊島区が CSW を配置することを明記（行政としての意思決定）した、まさに豊島区の CSW の夜明けである。
　計画の素案がほぼまとまった 2008 年 12 月 2 日第 4 回定例会の一般質問への答弁のなかで、当時の保健福祉部長　松﨑充彦は、次のように計画の特徴の第 1 点目を説明している。
　「新たな計画の特徴の第 1 点目は、地域における共助と連携といった新たな支え合いの仕組みづくりです。（略）
　重点施策として新たに、直接現場に出向いての個別相談や地域支援の役割を担う CSW を地域包括支援センターに派遣することや、福祉と文化を融合すること、発達障害者や高次脳機能障害者への支援などを追加いたしました」

後述するが、この時点では、地域包括支援センターに「派遣する」として、主語つまり事業主体が必ずしも明らかでない点が興味深い。
　では、なぜ、こうしたCSWの配置を決めたのか。これについて松崎は、次のように説明している。
　「これまでいただいた多くのご意見から、今後、地域活動のきっかけづくりや、地縁型組織の活動の活性化が求められていることがわかりました。そのため、CSWを活用し、区民や地域団体などの活動を支援するとともに、ネットワーク化を図り、地域における新たな支え合いの仕組みづくりを重点施策としたところです」

## 1　CSW検討前史

　繰り返しになるが、豊島区の「地域保健福祉計画」にCSWという用語が記載されたのは、2009年3月の「豊島区地域保健福祉計画」である。その一つ前の2005年策定の「地域保健福祉計画」策定のプロセスの一つとして、「区民ワークショップ」が開催された。これは、地域保健福祉計画策定委員会のもと、一般参加24名により11回にわたり開催されている。
　このワークショップは5つのグループに分かれて検討した。
　例えば、第3グループは「地域の見守り・支え合いのしくみづくり」をテーマとし、課題として次のような提言を残している。
「・地域のコミュニケーションづくりやそれらを調整する人材（コーディネーター）の育成、区の情報をはじめとする様々なサービス情報の発信が求められている→もっと気軽な行政や地域の組織作り」

　また、同じワークショップで第4グループは、「現状」を次のように整理している。
①福祉サービスが措置から利用者自身の契約へと仕組みが移り変わる中、サービスの必要な人に適切にサービスの提供がなされていない。

②自分にはどのようなサービスが受けられるか、またどこにどのようなサービスがあるのか、辿り着くことができない。
③相談に行くことが困難な人にとって、まずどこの窓口に連絡をとっていいのかさえ分かりづらい。

そのうえで、「取り組み事業」として次のような提案をしている。
◎お助けピープルの育成事業〜必要な人に必要なサービスがつながるようにパイプ役となる人、その仕組みを作る。

そして「事業の目的」を次のようにしている。
①サービスがスムーズに繋がるように"架け橋"となる。
②どんなサービスが求められているか意向・意見、要望の掘り起しを行う。
③お助けピープルは、常に正しく新しい情報を提供できるように情報交換や学習会、研修会に参加する。

こうしたプロセスを踏まえ、先述の部長は「これまでいただいた多くのご意見から、今後、地域活動のきっかけづくりや、地縁型組織の活動の活性化が求められていることがわかりました」と説明したのである。
　この区民ワークショップでの提言は、2005年策定の「地域保健福祉計画」では反映されなかったが、当時の豊島区地域保健福祉計画の策定を会長としてリードしていた大橋謙策日本社会福祉事業大学教授（肩書きは当時）によりさらに理論化され、2009年3月の「豊島区地域保健福祉計画」に姿を現すことになる。それは、次のような表現であった。

　相談する側の立場に立ち、できるだけ身近なところで複数の相談支援ができるワンストップサービスの総合相談窓口体制づくりが必要です。それには、保健福祉に限らず生活課題に幅広く対応できるよう関係機関と連携し、区全体のネットワークを構築していくことが求めら

れます。また、**CSW の配置を検討し、困難事例に対応するとともに、総合的にサービスを提供する仕組みづくりも必要です。**（下線は引用者）

## 2 CSW 予算措置への技法

　ところで、現実の行政の場面では、「地域保健福祉計画」に明記したからといって、それが直ちに予算措置されるかどうかは確実とはいえない。楽観的にとらえても、計画期間の3か年のいつから動き出すのかは、微妙な面がある。

　この予算措置について、翌 2010 年秋に取りまとめられた平成 21 年度決算参考書から確認してみたい。CSW 事業経費の主な不用額説明には「事業委託から補助事業へ計画変更のため」とある。歳入科目を見るとこれにあてる財源として、「都支出金」のうち「地域福祉推進区市町村包括補助金」の「先駆的事業」として CSW について 1000 万円（補助率 10/10）「選択事業」としても CSW について 538 万円について補助率 1/2、つまり 269 万円を充当している。

　当時の説明に「事業主体が明確でない」点があることは先述したが、予算編成時点においては「事業委託」であったものが、執行段階では「補助事業に計画変更」されていることがわかる。あわせて最終的な執行額の合計 83％にあたる都支出金を充当していることは、当時の担当者がぎりぎりまで予算措置に知恵を絞り、かつ関係者と調整したことをうかがわせる。特に、「先駆的事業」として都の補助金を得たことは、序章第2節における「福祉ニーズの噴出・増大」として指摘されている課題意識が、東京都においても認識されており、その一つの解答例として CSW が認められていたことを物語る。社会全体が課題意識を共有しつつあり、そこに一つの説得力のある対応策を提示したところにこそ、予算措置という行政の意思決定へと積み上げていくメソッド（技法）をしっかり活用していたといえよう。

豊島区における CSW は、こうした予算編成という陣取り合戦の最中に産声をあげたのである。一つひとつのメソッド（技法）は、さほど斬新なものではないが、タイミングや手法の選択の最適性など、できる限りの工夫を凝らしたことが、突破口を見出すことにつながったといえよう。

　今後、CSW の導入を検討される自治体においても、さまざまな社会や行政の動向の中でこうした突破口やチャンスを見出すことが期待できる。例えば、2018 年 7 月 3 日に総務省の「自治体戦略 2040 構想研究会」が取りまとめた報告書では、「新たな自治体行政の基本的な考え方」として「住民の生活上のニーズに民間の力も活用して対応するため、ソーシャルワーカーが組織的に仲介する機能が必要」と言及しており、ここにいうソーシャルワーカーは、「公共私が協力関係を構築する」としていることから、CSW にきわめて近いものと思われる。今後、第 32 次の地方制度調査会では「公・共・私のベストミックス」でソーシャルワーカーの活用を含む検討がされることも想定され、そうした動向を予算獲得の際に十分検討するなど、豊島区以上に工夫できる機会があるものと考える。

# 第2節 配置計画とCSWの意義

## 1 配備の実現までの「行きつ戻りつ」

　ここで少し、時計の針を戻してみたい。実は、「地域保健福祉計画」に明記されることとなる1年近く前に、**CSW**に関する大きな方向性が示されている。

　2008年7月1日、豊島区議会本会議における豊島区長　高野之夫の一般質問への答弁の一部を抜粋する。

「コミュニティソーシャルワーカーは、支援が必要な方を把握し、生活上の課題解決のために必要なサービスを受けられるよう、適切な支援につながる役割を持つコーディネーターであります。

　こうした役割は、行政よりも地域に密着した活動を行っている社会福祉協議会等の職員が適していると考えております。長野県茅野市や沖縄県浦添市でも、社会福祉協議会を中心としたコミュニティソーシャルワークの取組みが効果を上げていると伺っております。

　区といたしましては、区民ひろばを地域の高齢者の生活課題を把握する地域のアンテナとして明確に位置付け、高齢者のよろず相談窓口である地域包括支援センターとの連携の下に、高齢者の福祉ニーズを発見し、見守り、サービス提供に結び付けていく支え合いのシステムを再構築してまいりたいと考えております。ご提案の、コミュニティソーシャルワーカーの配置につきましては、社会福祉協議会と協議をし、来年度、モデル実施をしてまいりたいと考えております」

　ここでは、「高齢者のよろず相談窓口である地域包括支援センターとの連携」の視点が重視されている。高齢化という大きな人口構造の変化に焦点をあてるか、高齢者を含む多様なニーズという原則を重視するか、さまざまな考え方が行きつ戻りつしている時期だったといえよう。

この大きな方向性が示された発言から約半年後、次第に具体的な姿が明らかになっていく。先述の2008年12月2日第4回定例会の一般質問への答弁のなかで、松﨑保健福祉部長は、次のように将来的な展望を示している。

　　福祉サービスの狭間にいる方に手を差し伸べるとともに、地域の福祉力の向上を目指すコミュニティソーシャルワーカーにつきましては、来年度（平成21年度）よりモデル事業として豊島区社会福祉協議会に委託し、2名体制で開始いたします。
　　最終的には区内全域への配置を目指しておりますが、今後の計画につきましては、モデル事業を実施する中で、問題点の把握や、効果の検証を十分に行いながら、地域の実態に適した配置方法や人数を検討してまいりたいと考えております。

　2008年12月8日、モデル事業実施を控え、区民厚生委員会で高齢者福祉課長だった佐野功は次のように説明している。

　　来年度、新規事業といたしましてコミュニティソーシャルワーカーの配置を区の方では予定をしてございます。それにつきましても、現在のところでは社会福祉協議会に委託をして地域包括支援センターに配置をしていく考えでございますので、現在、社会福祉協議会と協議中ということでございます。

　その説明から、さらに一年が経とうとしている2010年10月15日に決算特別委員会で、主に障害者サービスを担当する中央保健福祉センター所長の大須賀裕子は次のように説明する。少し長くなるが引用する。

　　本来、計画の予算を計上する段階で、委託という形で区が主としてする事業ということで、途中から補助に変えるということは非常に矛盾があるということはよく承知しております。ただ、実際に支援を始めている途中の検討の中でございまして、地域包括支援センターを中心に当初は支援するということでございましたが、地域包括支援セン

ターは高齢者総合相談センターと名称を変更したこともございまして、主たる対象がやはり高齢者という印象が強いのではないかということも大きなことでございました。

　コミュニティソーシャルワークの事業自身は、子どもから障害者、高齢者を含んで大人まで幅広い対象で行うということ、それから支援の必要な区民の方に密接に関わるということで、圏域としては地域包括圏域を残しながらも、やはり地域区民ひろば等を拠点として活用する検討も必要ではないかということもございました。

　また、平成21年9月に設置いたしました社会福祉協議会と区との『あり方検討会』におきまして、コミュニティソーシャルワーク事業が地域福祉の担い手であり、非常にこの事業が地域人材の発掘とか育成に関わることから、ボランティアセンター等を抱えている社会福祉協議会の本来の事業ではないかという検討が図られまして、委託事業から、やはり社会福祉協議会本来の事業というものに対しての補助事業がふさわしいのではないかということで、計画変更を行ったものでございます。

　黎明期の手探り感が強く滲んだ説明となっている。
　今後、新たにCSWの導入を検討し、あるいはすでに展開しているCSW事業が期待される成果を発揮するのに時間を要する場合にも、「手探り」の時期があると思う。この時期に検討した記録をしっかり残すことで、時間が経過し方向性を見直す際の橋頭堡とすることができれば、「手探り」は決して無駄ではないに違いない。

## 2 コミュニティソーシャルワーク事業連絡会作業部会

 そこで、議会答弁という「正史」から少し離れ、モデル事業の実施に際し、毎月のように社協職員と区職員とが中心となって開催された「コミュニティソーシャルワーク連絡会」が残した内部資料を頼りに、豊島区という地域の実態に適したCSWを模索していく「行きつ戻りつ」を見てみよう。

第1回コミュニティソーシャルワーク事業連絡会作業部会
　2010（平成22）年4月15日（木）
　・今年度は区民ひろばなどで個別相談に力を入れて、そこからネットワーク作りに繋いでいく。新たな団体を活用する。民生委員などの既存の団体ももちろん大事。
　　回数を上げることが質を上げることに繋がる。子どもや障害の問題もある。
　・家庭支援・家族支援へと広げる中でネットワーク化を進める方向になるのでは。
　・区民ひろばで顔見知りとなり、繋がっていくこととそこ（区民ひろば）で相談をしていることが地域に広がれば良い。

第4回コミュニティソーシャルワーク事業連絡会作業部会
　2010（平成22）年8月27日（金）
　・CSWは補助事業なので、CSW事業を進めた結果として何がどのように変わったのかを求めているのか、補助対象事業としてCSWが活動を行ったということで良いのか。
　・CSWの関係する課題には、例えばごみ屋敷のように、地域で苦情が上がり緊急に対処が必要な場合もあるし、まだ大きな問題にはなっていない場合もある。ケースによるが、重大にならないうちに近隣の人たちの力も集めて進めることが必要。

第 5 回コミュニティソーシャルワーク事業連絡会作業部会
　2010（平成 22）年 10 月 25 日（月）
- 個別の活動状況については借地権など他人が介入することが難しいケースへの支援があるが、どのように動いたという結果だけでなく、目標（今後の課題や想定）などを載せていくと良い。生活環境など、どこの機関に繋げるのがいいのか？
- 社協に地域福祉活動計画がないため、CSW 事業補助の根拠に「あり方検討会」を置いているが弱い。是非計画を策定してほしい。
- 今年度より（計画を）立てる方向だが、職員の意見を汲み上げる形で作る必要がある。CSW、社協の在り方、ボランティアは一体としての活動であるが現在の社協には地域力が乏しい。
- 家族と同居している高齢者に問題があるケースがある。地域にいることによって見えてくる。そのため、CSW の拠点は区民ひろばが望ましい。
- 精神障害者の相談は保健所、サービスは中央保健福祉センターと組織が分かれていて、総合相談ができていない。
- CSW が精神障害者とどう向かい合っていくか今後の検討課題である。

第 6 回コミュニティソーシャルワーク事業連絡会作業部会
　2010（平成 22）年 11 月 30 日（火）
- CSW、セーフコミュニティ、シルバー交番の違いを明確にする。リスクの高い高齢者はシルバー交番。CSW は地域の力で見守り、アウトリーチやシルバー交番の範疇に入らない高齢者も含めていろいろなケースを拾っていく。
- 地域の支援者に対してどこまで情報を流してよいのか？　民生委員、育成員が各家庭の事情をもっと詳しく分かれば、取り組み方も違ってくる。
- 対象者のどのような情報を、何の目的で、どこまで出すか協議中。

また個人情報保護審議会は高齢者福祉課などが個々に諮る。

　当時の検討途上の資料をそのまま、手を加えず引用したため、テーマに一貫性がなく読みづらくて恐縮だが、実際の会議の熱気や試行錯誤の余韻のようなものを感じていただければ幸いである。

　この事業連絡会作業部会には、社協のCSW関係者だけでなく、その回ごとに関連する区側の課長級職員をゲストとして招いている。ごみ屋敷や精神障害者福祉など、そのときに焦点となっている事例への意見交換なども兼ねて行っていた。このことが、そうした同じ方向を見ているはずである区側職員、特に課長級職員にCSWの実際の動き方や専門性を実感させる契機となっていったのである。

　それとともに、CSW自身にとっても、区の課長級職員と意見交換をするなかで、行政の制度の隙間や、縦割り組織の微妙な調整などの「勘所」を感覚的につかむことにもつながった。そして、行政をはじめとするステークホルダーに、自分たちCSWが、他の福祉サービス機関、例えば地域包括支援センターや子ども家庭支援センターとの違いや共通性をわかりやすく伝えていくことの必要性を再確認させることとなっていく。

# 第3節 圏域設定(包括圏域)と常駐という価値

## 1 地道ながら生活課題の発見と解決につながった実例

ここで、モデル事業として実施した初年度における個別事例を二つだけ紹介したい。

一つは、体力低下で寝たきりの一人暮らし高齢者への支援の事例である。

体調を崩し、寝たり起きたりの生活となっても誰も気づかず、偶然、同じアパートの住民が異変に気づき、民生委員児童委員に連絡し、民生委員児童委員がCSWと一緒に訪問したところ、部屋の中にごみがあふれ食事も摂れていない状況であった。本人の了解のもと、ごみを片づけ、区の福祉部局を通じて清掃事務所に廃棄の協力を依頼するほか、地域包括支援センターへ連絡し、本人の状況確認、介護保険や福祉サービスの利用等を支援した。こうした経過から介護保険や配食サービスの利用につながった。

もう一つは、近隣と交流のない一人暮らし高齢者への支援の事例である。

CSWが出席していた町会の役員会で、「住宅密集地の古い家に一人暮らし高齢者がいる。具合が悪くなったり、火事なども心配である」との話題が出て、町会長とともにCSWが同行して対象者を訪問することとなった。困っていることや身体の具合などを聴き、関係づくりを図り、民生委員児童委員や地域包括支援センターなどを紹介した。その後も定期的な訪問で町会役員とともに見守りの継続的な実施につながった。

いずれも地道な取り組みだが、区内の8圏域ある地域包括支援センター圏域のうちの一圏域をモデル地区として、その圏域のなかに2か所ある「区民ひろば」にCSWが総合相談窓口を常設(常駐ではない)し、

町会役員会などにも定期的に出席していくなかで、生活課題の相談を受けやすくなり、地道ながら生活課題の発見と解決につながった。こうした実績をモデル地区以外の圏域でも報告するなかで、次第に民生委員児童委員や町会役員のなかで、CSWの具体的な意義が理解されていくようになった。また、活動のなかで、公的機関はもちろん、施設や地域活動団体、ボランティアやNPOなどのさまざまな社会資源との協調や連携が厚みを増していき、さらにはそれをチラシなどで町会などを通じて区民に情報提供するという好循環がはじまる。CSWは、自分たちが動くことも大切だが、さまざまな立場の活動を後押しし下支えすることが、少しずつ地域のキーパーソンに理解されてきたのである。

そして、こうしたモデル事業の2年間の実績のなかで、モデル地区以外の圏域からも、CSWの配置を求める意見が少しずつ出はじめてくるのである。

2011（平成23）年　第3回定例会（9月28日）根岸光洋議員一般質問
「本区も、平成21年4月から平成23年3月までの2年間にわたり、コミュニティソーシャルワークモデル事業を実施いたしました。高齢者や子どもを取り巻く課題には複合的な要因が重なり合っていることも多く、これまでのような通り一遍の対応では解決できなくなっています。本事業は、地域における新たな支え合いの仕組みづくりを構築し、地域福祉の実質的な向上を図る上で、これからの時代に必要不可欠な事業であると考えます。

　　（略）今後、コミュニティソーシャルワーカーは地域の中で支え合いの仕組みをコーディネートする立場であることから、そうした課題の解決に向け、どのような人が関わり、何をすればよいのかなど、具体的に取り組んでいかなければなりません。今回のモデル事業を受け、生活圏のより身近な場所を拠点にすべきとのことで、区民ひろばをコミュニティソーシャルワーカーの拠点とするとお聞きしています。その際、拠点となる区民ひろばに、社会福祉協議会のボランティアセン

ター的な要素を設置することも必要であると考えますが、事業の本格実施に向け、具体的にどのように展開していくのかお示しください」

これに対して、大門保健福祉部長は次のように説明している。
「平成21・22年度の2年間にわたるモデル事業での経験を踏まえますと、地域の町会や民生・児童委員など、いわゆる地縁に由来する皆様との協働関係なくして、地域の実態に即した豊かな活動はできません。（略）ご指摘のとおり、地縁団体とも関係が深く、ボランティアの組織化にも手馴れた社会福祉協議会が事業を支える中核であると考えておりますが、区民ひろばをコミュニティソーシャルワーク事業の拠点とするに当たっても、運営協議会のご協力をいただきながら、可能な限りボランティアの活動スペースを確保してまいりたいと考えております」

そして高野豊島区長も同じ時期、別な場面であるが次のように考え方を示している。
「コミュニティソーシャルワーク事業は、平成21年度と22年度の2年間、豊島区社会福祉協議会との連携の下で、モデル事業として実施したもので、無縁社会などともいわれる今日、地域で活動されている民生・児童委員や町会の皆さんとともに、支援を必要とする人々を、地域の絆で支え合うための挑戦をしてまいりました。

　これらの試みは、区民ひろばなどで受けた1,000件を超える相談件数、町会の皆さんと協力して実施した車いす講座や、要援護家庭の子どもに対する学習支援などの実績となって実を結んでいると評価をしております。

　今後は、この事業を本格的に展開し、区民誰もが、必要とする、多様できめ細かい福祉サービスを受けられ、地域の中で孤立することなくつながりを持って生活できるようにするための先駆的な地域福祉システムの構築を目指してまいりたいと考えています」

同じ頃、2011年5月から9月にかけて豊島区社会福祉協議会は、「地域福祉活動計画」策定に向けた区民参加の取り組みとして、地域包括支援センター圏域単位での地区懇談会、町会連合会や障害者団体連合会、青少年育成委員会などの関係団体ごととの意見交換会、さらには区内中学校の生徒会役員との懇談会、区立中学校の3年生や無作為による社会福祉協議会会員に対するアンケート調査などを行った。こうしたなかでも、「コミュニティソーシャルワーカーの配置数を増加してほしい（各種団体）」「コミュニティソーシャルワーカーの増員と配置の平等化（会員アンケート）」など徐々に、しかし着実に地域住民の意見のなかにCSWという用語が出はじめてきていたのである。

## 2　豊島区の「区民ひろば」という拠点の特性

　ここで、これまでも引用した発言のなかでその名をたびたび記載してきた「区民ひろば」について、遅ればせながら説明したい。豊島区のホームページを見てみよう。
　「地域区民ひろば構想は、年齢や使用目的によって利用に制限のあったことぶきの家や児童館などの既存施設を、小学校区を基礎的単位とした地域コミュニティの視点から見直し、地域の多様な活動の拠点として有効に活用できるよう再編することにより、もっと豊かな地域社会の形成を図ろうとするものです」
　「地域区民ひろばは地域コミュニティの視点からの既存施設の再構築であるとともに、これからの地域経営の基盤となるものです」
　「区民ひろば」とは、このように全世代型、乳幼児から高齢者までの世代を超えた交流の場として、広がりある地域コミュニティの活性化を図っていくこととして再編成された施設である。
　また、ほとんどの施設は区民による自主運営となっている点も重要な特徴であろう。区民ひろば運営協議会は、施設利用者や地域団体などの多様な主体が、地域の視点から区民ひろばの運営について検討・協議し、

よりよい施設づくりを進めていくための自主的な組織であり、区は、運営協議会の活動が発展するよう支援してきた。

　これまでも区長等の議会での説明を引用してきたなかでも言及されているが、CSWの本質を考える際に、大切なのは住民になじみの深い拠点に常駐することである。豊島区の場合は、拠点を「区民ひろば」にしたことによって、地域での新しい連携が生まれ、資源開発にもつながり地域づくりに大きな力となった。

　ただし、当初から「区民ひろば」での「常駐」が実現したわけではなかった。それは、マンパワーの事情や問題もあったし、区民ひろば側にしてみれば、限られたスペースをCSWの執務スペースとして提供することも決して容易ではなかった。また、地域包括センターの8圏域のなかに拠点となる区民ひろばを確保する必要がある。

　モデル事業当初は、CSWの執務スペースは、モデル圏域である中央圏域の地域包括支援センター業務も受託・併設する豊島区社会福祉協議会の一角に執務席を配置した。そこを拠点に、圏域内に所在する2か所の区民ひろば（朋有と上池袋）に当初は毎月1回出向いて、定例の相談会を開催した。また、圏域内の町会の役員会にも頻繁に顔を出し、地域課題を教えてもらう「御用聞き」を繰り返し行っている。さらには、先述の「区民ひろば運営協議会」にも必ず出席している。そのほか、秋の祭礼をはじめとする町会等のイベントにも可能な限り顔を出し、「御用聞き」を行っている。

　区民ひろば運営協議会のメンバー構成は、地元の町会や民生委員児童委員、施設を利用するグループなどであるから、こうした地域のキーパーソンと顔なじみになることが、まず何よりも不可欠なアプローチであることは、関係者の誰もが感じていたことである。

　結果的に、こうしたアプローチが、いわゆる「資源開拓」につながっていく。先ほどの区民ひろばの主な構成メンバーだけでなく、区内の大学のボランティア関係者や企業役員、防犯パトロールや帰宅困難者対応訓練など、考え得るすべての機会に顔を出している。これはスタッフが

2名配置されていたから実現できたといえよう。人数は多いに越したことはないが、多すぎて分散しても密接な関係の構築が円滑に進まない場合もある。ただし、最低でも複数でなければならない。一人の肩にすべての期待がのしかかる体制では持続的に運営できない。

## 3 部局間調整・連携の重要性

　また、ここで念のために説明しておきたいことがある。それは「地域区民ひろば」の所管が、CSWの主管部局である保健福祉部ではなく、区民部だということである。したがって、これまで記述してきたような「区民ひろば」での「御用聞き」や町会役員会などへの参加については、各部局にはそれぞれの事情や地域との約束ごと、経過などがあり、「土足で踏みこむ」ことは、関係部局に無用の混乱を招くだけでなく、自らの推進すべきミッションを実現しにくくさせる危険性をも内包している。

　一方、福祉に関する悩みや困りごとを感じている区民にとっては、わざわざ本庁舎などに相談に足を運ぶのは負担感があるが、日頃から活動の拠点となっている「地域区民ひろば」に行けばCSWが相談に応じてくれるという安心感は、ひいては「地域区民ひろば」の付加価値を高めることになる。こうしたことを、まずは所管部局である区民部に理解してもらい、ともに「区民ひろば運営協議会」などで説明してもらえたことが成功へのカギとなったといえよう。

　CSWは「制度の隙間」を埋めるような、あるいは人と人とを結びつける「コーディネート的な」ミッションであるからこそ、こうした部局と部局との機微、地元の人たちとの信頼関係の構築に向けたきめ細かな配慮は不可欠のものであり、同時に得意とするノウハウである。あえて言うまでもないこととは思うが、一瞬の油断が、それまで積み重ねてきた努力を大きく損なうことがないよう、慎重に信頼関係、パートナーシップの取り方について常に自戒していく必要がある。幸い、豊島区の

場合は、区民部の理解とアドバイスのもと、保健福祉部と社会福祉協議会がそうした意識を共有し、地域のキーパーソンの方々と良好な関係性を、モデル事業実施の前から今日に至るまで保持することができたのである。このことは、これからも胸に刻んでいく必要がある。

話が少し、横道にそれてしまったが、さまざまな機会に地域のキーパーソンから地域課題を聞き出していくとともに、一定の解決を積み上げていくなかで、ついに2012年度から三つの区民ひろば（区民ひろば朋有、区民ひろば池袋、区民ひろば富士見台）に常駐することが実現することになった。

実は、もともと、**CSW**の「区民ひろば」への配置は、構想の当初から、議会側からも要望されていたことである。

2008（平成20）年7月1日（火曜日）豊島区議会本会議　一般質問　此島澄子議員
　「今後の『区民ひろば』の運営や必要とされる機能がよりよい形で発揮されるため、今こそ先駆的な取組みをすべきだと考え提案いたします。平成20年度国（厚生労働省）のモデル事業で、コミュニティソーシャルワーカーを配置する拠点づくりがあります。（略）私は、このコミュニティソーシャルワーカーという人材こそ、今、『区民ひろば』に必要であり、福祉コミュニティづくりのキーマンとして、配置・活用を図るべきだと考えます」

これに対する区長の答弁では、この時点では必ずしも明確には答えておらず、前述のように、実際に区民ひろばに配置されるに至るのは、モデル事業として3か年を経過して後のことであった。

その区長の意思表明がなされた、2011年　第4回定例会（第16号11月30日）西山陽介議員一般質問への区長答弁を見てみよう。
　「区民一人一人の生活を根底から支え、住みよい安心なまちづくりの基盤となるのは、地域コミュニティでございます。地域コミュニティの形成には、区民同士の交流や連帯意識づくりが大切であり、区民の様々

な活動の推進を支援していく必要があります。区民ひろばの年間利用者数は、事業の実施やサークル活動などで、延べ約72万人に及びます。また、本区の特色である運営協議会は年々活発化し、自主運営もスタートするなど、地域活動の中核を担うものとなっております。こうしたことから、区民ひろばは、地域コミュニティの形成に欠かすことができない存在となっており、セーフコミュニティの認証に向けても、その役割は欠かせないものと考えております。今後は、地域福祉の視点から、コミュニティソーシャルワーカーの配置をするなど、様々な地域課題を解決できる仕組みづくりについても検討を進めまして、一層の地域コミュニティづくりの推進に努力してまいります」

　かくして、翌2012年度より、地域包括支援センター圏域を念頭に、区内8圏域のうち3圏域のなかに所在する「区民ひろば朋有」「区民ひろば池袋」「区民ひろば富士見台」に**CSW**各2名を配置し、身近な地域での相談窓口や訪問などにより、さまざまな相談に対応し、生活課題の早期発見に努める現在の体制のプロトタイプが確立したのである。

　後に高野区長は、2015年12月の「コミュニティソーシャルワーク・フォーラム」で次のように振り返っている。
「豊島区は3年前（2012年11月）にWHOからセーフコミュニティの認証を受けました。その時も審査員の皆様方から、地域の拠点となり、まさに安心・安全の拠点が『区民ひろば』であると高い評価を頂きました。地域と行政が車の両輪となって進めているわけですが、行政というより、やはり地域の人が主体となって運営している、そして此処にCSWの拠点を置くことができた。これでスタイルが大きく変わったわけであります」

　この「フォーラム」では、豊島区の民生委員児童委員協議会の寺田晃弘会長も次のように発言している。

「出会いを創る、そして繋ぐ・結ぶ・学ぶ、というのが全て私たち（民生委員）の活動だと思っています。出会いを創るというのはアウトリーチをして地域に出て行って住民のニーズを確認しながら顔を合わせ、縁を作るような活動をして、そしてつなぐと言うのは私たち（民生委員）とつながることではなく、そこに集まっている人がつながって行く、そして色々なところ、行政と結ぶ、あるいはコミュニティソーシャルワーカーに結ぶ作業、そして最後に私たち自身が現場に出て行って学んでいく。（中略）
（民生委員として行っているサロン活動には）行政が来て子育ての情報を流したり、コミュニティソーシャルワーカーが来ていろいろな情報を流したりしております」

　ここで語られている民生委員児童委員による「サロン活動」も「地域区民ひろば」を会場とすることも多く、また「地域区民ひろば運営協議会」には町会長などとともに民生委員児童委員が参加することが多い。寺田会長をはじめ、民生委員児童委員の信頼を得ていたことが、「地域区民ひろば」を拠点とすることに大きな後押しとなったといえよう。

## 第4節 時代のニーズを追い風にする

### 1 「セーフコミュニティ」の取り組みとCSW

　さて、これまで引用してきた答弁などで、何度か登場している用語、「セーフコミュニティ」について説明したい。セーフコミュニティとは、世界保健機関（WHO）が推奨する、安全・安心まちづくりの国際認証制度である。この取り組みに、豊島区は区民とともに取り組んでいる。ここでは、そうしたCSWとは別個の動きに連動することで、CSWが地域に一層定着してきた経過をご紹介したい。各自治体には、それぞれ力を注ぐテーマがあり、そうしたテーマにCSWが積極的に寄与することで予算獲得や人員配置などを円滑に達成できる場合もあると考えるためである。

2011（平成23）年　第1回定例会（第3号2月16日）高野区長召集挨拶
　「セーフコミュニティは、豊かな地域力を基盤とする活動であり、地域区民ひろばをその実践の場として位置付けることで、今後の展開に大きなプラス効果が期待できるものと考えております。
　（略）新年度には、まずセーフコミュニティモデル地区の区民ひろばを中心に安全・安心機能の強化を進めてまいりたいと思います。予算では、安全・安心マップの作成、セーフコミュニティ・ステーションとしての普及啓発、AEDの新・増設を計上したほか、新たに子育て相談、コミュニティソーシャルワーカーによる高齢者相談、障害者支援ボランティア、そして自殺予防の学習講座など、地域福祉の視点からひろばの機能を総合的に充実させていきたいと考えております」

　福祉の充実と並んで、「安心・安全」は住民に特に関心の高い分野である。住民にとっては、福祉と安心・安全、そしてコミュニティは渾然

一体となった「生活基盤」だからである。CSWの区内全域での配置、ことに区民ひろばへの常駐を考えるうえで、豊島区の大きなムーブメントであった「セーフコミュニティ」という時流は千載一遇の好機であった。

特にセーフコミュニティの取り組みのなかには、高齢者や障害者の虐待予防や転倒防止、バリアフリーなどの要素が含まれている。それぞれの検討のための会合には社会福祉協議会の担当課長なども参画しており、会議での課長の発言を通してCSWは地域課題解決の一つの資源としてセーフコミュニティ活動と密接不可分なものとの認識を獲得していく。

さらには実践面においても、セーフコミュニティの取り組みを、民生委員児童委員や青少年育成委員、障害者団体や高齢者クラブなどが展開する場面に、社会福祉協議会の管理職や実務レベルでのCSWが参加し、専門職としての役割やスキルを発揮することで、地域支援というCSW本来のはたらきが円滑に進み、それによって信頼感が多くのステークホルダーに実感されたのである。

これは、「セーフコミュニティ」活動に取り組んでいた豊島区の個別性や特殊事情ではなく、それぞれの自治体や地域の課題に、CSWの専門性を発揮する機会が含まれているという事例の一つと考えている。

そこで、もう一つ別の事例で同様のプロセスを紹介したい。

## 2 子どもへの支援を通じた活動の広がり

2013（平成25）年　第1回定例会（第2号2月19日）一般質問　山口菊子議員

「今年度からはスクールソーシャルワーカーが導入され、地域ではコミュニティソーシャルワーカーが活動しています。教育委員会は、貧困家庭の状況についてはどのように把握されているのでしょうか。（略）

親がアルコール依存で子育て環境は極めて悪いなど、厳しい家庭環境にある子どもが少なからずいるのです。(略)このような家庭環境のケースについては、生活保護担当のケースワーカーや民生児童委員、地域によってはコミュニティソーシャルワーカーが把握しているはずです。(略)地域で子どもたちに関心を寄せる人しか気づかない、支援できないという事態は好ましいものではありません。こうした潜在的な需要を顕在化させることが必要だと考えます。改めて豊島区の組織を超えた連携が必要だと思いますが、いかがでしょうか」

これに対する区長答弁を見てみよう。

「貧困が要因となって、子どもたちが学習に困難を抱えてしまうようなことは、何としても避けなければならない問題であると考えております。本区では、コミュニティソーシャルワーカーが地域での活動を広めつつあり、その活動の一環として学習支援にも取り組んでおります。

　(略)今後は、区内で活躍しているボランティアの方々の活動状況を踏まえながら、これまで行ってきた民生委員の取り組み、またコミュニティソーシャルワーカーによる学習支援など、本区の地域資源を最大限に生かすことのできるシステムの構築に向けて、国庫補助金の活用も視野に入れた検討を積極的に進めてまいりたいと思います」

こうした区長答弁の背景には、**CSW**をモデル配置した当初から続く、一つの取り組みがあった。それが第1章第6節の学習支援への取り組みである。

2009年度のモデル実施当初のことである。民生委員児童委員から「地域の子どもがホームレス支援団体の炊き出しに並んでいた」という情報を**CSW**がキャッチした。2009年4月にモデル配置がされてから4か月ほどした8月24日、民生委員児童委員・青少年育成委員・ボランティア・子ども家庭支援センター・警察・学校などと協力し、第1回の「子どもまつり」を開催している。貧困やネグレクトにより食事が適切に摂れていない子どもの実態を、地域のさまざまな活動主体と共有化し、地

域での見守りがはじまったのである。

　子どもへの支援を契機に、それまでかかわりの少なかったボランティア団体や行政機関が事業に参加し、ネットワークが広がっていく。さらには、冬休みや春休みにも、こうした連携した取り組みが継続され、定着していくことができたのである。やはり、地域との機会をとらえての話し合いに積極的に参加することでCSWの専門性が認識されたことが大きな要素であったと考えられる。

　こうした取り組みが、「ちょっと気になることがあればCSWに相談する、あるいはCSWの活動を近隣に知らせるという、特別なことでなく、日常生活のなかで簡単にできるしくみづくりにより、誰でも気負うことなく地域活動に参加できるようになった」（社協アンケートより）という円滑なスタートにつながった。

　繰り返しになるが、CSWが力を発揮する場面は地域にはさまざまな形で存在する。さまざまな機会に専門職として足を運び顔を出すからこそ、他の社協業務との「兼任」ではなく、「地域配置CSW」として存在意義、つまり信頼できる身近なプロフェッショナルとして認められるに至ったものといえよう。「CSWを展開する」のではなく、さまざまな場面にCSWがいつでも「いる」、あらゆる場面をCSWの専門性を発揮する機会としていくことこそが、地域に必要な存在だと感じられるCSWとなる最短の道なのである。「地域ニーズの掘り起こし」という、自らの専門職ならではのスキルを、福祉課題の解決だけでなく、自らの活躍の機会とできたことが、豊島区における全域展開への大きな推進力となったといえよう。

# 第5節 「個人情報」取り扱いに関する課題

## 1 個人情報保護審議会への諮問

　2011年第3回定例会（第12号9月28日）本会議で当時の大門保健福祉部長は、次のように説明している。
　「それぞれの地域で福祉的見地から要支援者の問題解決に当たる場合、関係者間で個人情報を共有することが必要となります。個人情報の保護は、基本的人権にも関わる重要な事柄ではございますが、これまでも個人情報共有の困難さと地域の福祉活動との関係については様々な議論があったところでございます。こうした点を踏まえ、コミュニティソーシャルワーク事業の今後の展開に当たっては、コミュニティソーシャルワーカーの活動を区の事業として位置付けることで守秘義務を課し、個人情報保護の問題をクリアしていきたいと考えております」
　これを踏まえて、区は「個人情報保護審議会」に次のような資料により諮問している。

【委託内容　　個人情報の取り扱いについて（抄）】
　○個人情報の授受は、2名以上の区職員が立ち会い、2名以上の受託事業者に手渡しで行う。
　○受託事業者は、支援中に扱う個人情報について、責任者の管理するキャビネットで施錠し保管する。
　○受託業務に従事している者または従事していた者は、受託業務に関して知り得た個人情報を漏らし、又は不当な目的のために使用してはならない。
　○受託事業者は、「取り扱う個人情報」を受託業務の目的以外に使用してはならない。
　○受託事業者は、「取り扱う個人情報」を第三者（区及び受託事業者以

外の者）に提供してはならない。ただし、区民等の福祉の向上のために特に必要であると認められる場合において、区の承認を受けた時は、この限りではない。
○受託事業者は、受託業務が終了したときは、取り扱う個人情報が記録された資料等を、速やかに区に返還しなければならない。
○区は、個人情報の保護のために必要があるときは、委託業務を処理する施設等の立入検査及び調査を行うことができるものとし、受託事業者はこれに応じなければならない。
○区は、委託業務の処理に関し、必要に応じて監査を行うことができるものとし、受託事業者はこれに応じなければならない。

## 2 「委託」から「補助」へ、「補助」から「委託」へ

後に、2012年区民厚生委員会（7月4日）において、小花中央保健福祉センター所長は次のように説明している。

「平成24年度から委託事業として実施しております。これは社協、社会福祉協議会の委託でございますけれども、それによりまして個人情報の扱いが可能となるような筋道ができたと。（略）5月30日の個人情報保護審議会の御審議をいただきまして、相談があったとき、また窮迫した状況の通報があったときには個人情報を活用して活動することができるようになりましたので、独居世帯などの救援に直ちに活動することができる、またそれを支援することができるというように可能になったところでございます」

先に第1節そして第2節で見たように、当初の区の方向性では「委託」事業とする予定であったが、実施にあたり、社協の本来的な役割などを踏まえて「補助」事業とした。それをあえて見直し、区の事業と位置づけることにより、改めて「守秘義務」を明記し、そのうえで一定の場合について個人情報保護の例外として、区の有する個人情報の目的外利用を可能としたわけである。

図表 2-1　CSW の支援過程

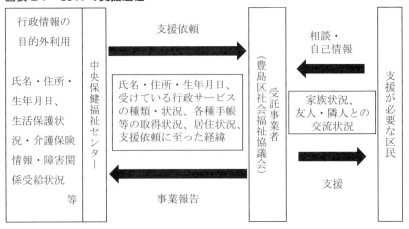

　参考までに、委託と補助について、用語の意義を確認したい。
【委託】ある機関が本来その権限に属する事務または業務を対等の関係に立った他の機関または一般人に依頼して行われる場合に用いられる。
【補助】特定の事業の促進発達を図る等のため、国、地方公共団体等が金銭援助することの意味に用いられることがある。
(学陽書房『法令用語辞典』第 8 次改訂版より)

　施行後のさまざまな経過や課題を整理し、ここで改めて「事業委託」と位置づけることとしたのである。個人情報の取り扱いのためという現実的な対応もあったが、これまで見てきたように、地域包括支援センターのすべての圏域に設置することとしたことや、その際の区民ひろばを拠点にすることなど、社会福祉協議会の事務室に拠点をおいたモデル事業とはその性質も変化していたため、社協の事業というよりも区の事業として位置づける余地が広がってきたことも、こうした事業の位置づけの転換の背景となった。

　福祉的対応の実効性を担保するには個人情報の共有が不可欠である。

個別対応を求められるなかで、特に対象者が自分自身の課題解決に必要な事項や手続きの経過に関する記憶が不鮮明である場合などには、対象者に代わって情報を整理する取り組みがなくては実効性が担保できない。ただし、行政は個人情報を社会福祉法人であっても他機関の職員に共有することに慎重であり、そのつど、本人に委任状などを用意してもらうなど相当の時間を要する。スピーディな相談対応のためには、できればまとめてCSWに権限を与えたいが、そこを踏み切るだけの合理的な要件を対外的にも説明できなければならない。例えば、個人情報保護審議会の理解が必要となるなどである。その際、契約上の縛りや組織としてのプライバシーポリシーなど行政が安心できるしくみに加えて、審議会委員の信頼を得ていくうえで必要なのが、専門職としての国家資格である社会福祉士・精神保健福祉士がもつ職業倫理であっただろう。

　豊島区は、そのほかの状況の変化と合わせて、先に引用した資料などにより個人情報保護審議会に「委託」に伴う「個人情報の提供」について承認を得たことで、この課題をクリアできたことは、非常に大きな成果であった。多くの自治体において、立ちふさがることが予想される「個人情報」の壁を乗り切る方法は、上記の豊島区の例以外にもあろう。しかしながら、個人情報というかけがえのないものをまかせることができる「職業倫理」の強調は、おそらくいずれの自治体でも効果があるものと考える。

## 第6節 『屋上屋』論への説明責任

### 1 他の福祉サービスとの違いや共通性を伝える努力

　第1章にあるように、当初から、さまざまなステークホルダーに、自分たちCSWが、他の福祉サービス機関、例えば地域包括支援センターや子ども家庭支援センターとの違いや共通性をわかりやすく伝えていくことの必要性は認識されていた。新たな機能をもつしくみとしてのCSWの独自性を説明する努力は創設時はもちろん、その後も不断の取り組みが求められる。

　以下に、当初時点で整理していた、類似制度や機関との独自性検討の一例を見てみたい。

### 2 類似制度に比較した独自性の検討例

（高齢者のアウトリーチ事業）
　実施体制：地域包括支援センター（特に見守り支援員）が民生委員などと連携して
　対象者　：一人暮らし高齢者、高齢者のみ世帯
　目的　　：孤立可能性の高い世帯について必要な専門的ケアサービスにつなげる。

（見守りと支え合いネットワーク事業）
　実施体制：民生委員児童委員・地域ボランティア（見守り協力員）、区民ひろばを拠点として
　対象者　：区民ひろばに来館する高齢者等で、安否確認等見守りを要すると思われる者
　目的　　：民生委員や地域の「見守り協力員」が中心となって、郵便事業者や新聞販売店等の事業者の協力を得て、異変があっ

た場合に速やかに通報などの支援を行う。

(CSW)
　実施体制：社協職員が区民ひろばに常駐して、相談や情報収集する。圏域の目安は、地域包括の圏域で、常駐拠点となっていない区民ひろばの圏域も常駐拠点に準じて訪問、会合等への参加をすることで相談や情報収集を行う。
　対象者　：年齢に関係なく、単身生活者、一人親家庭や複合的な問題のある家庭等
　目的　　：既存のサービスの効果的な支援と、地域人材というソフト面の支援をプラスし、より質の高い支援が受けられるようにマネージメントを図る。

　こうした独自性、特にマネージメントをしっかりと実現するためには、やはり専門性と専任組織という基礎が必要である。
　第1章第2節にもふれられているが、実は、モデル実施から本格実施に移行する時期に、公式な記録は残っていないが、CSWの行方を左右する伏流水のような出来事があった。
　配置圏域を拡大する際に、社会福祉士などの専門家だけでなく、ある程度の人数は、豊島区の地域特性を熟知した経験豊富な区職員の活用が効果的なのでは、という議論が生じたのは、むしろ自然なことであっただろう。そこで、実務的には当然、一般公募での競争試験になることを前提に、福祉・生活保護行政や各種の相談・広聴、コミュニティ政策などに携わった退職予定者や保育園長の経験者などを中心にCSWの業務イメージを説明し、募集要項等を手渡したが、指定の期日までに応募したものはなかった。念のために、意思の確認をしたが、「自分にはちょっと荷が重い」などの反応であった。あくまでも推測だが、行政の一員として長く「根拠法のある、分掌事務の明確な」働き方をしてきた人たちだからこそ、「制度の隙間にある、複合的な課題」に携わることの困難さを理解していたのかもしれない。

## 3 専門職という価値の共有

　こうして、一般公募の応募者に期待がかかったのであるが、ふたを開けてみると、社会福祉士や精神保健福祉士資格を取得予定の専門的な教育を受けた新規大卒予定者や、他の社会福祉協議会や社会福祉法人などで経験を積んだ若手経験者など、多くの応募者があり、関係者一同、ひとまず胸をなでおろした。そうして採用された個々の **CSW** の評価をすれば「手前味噌」との気恥ずかしさも感じるところではあるが、結果的には、地域に関する情報や地域の人々との関係性などを構築していくことを含めて、本格実施を担った人材の専門性が、その後の豊島区の地域福祉を大きく牽引することになったといえる。

　そして、このときに、CSW の骨格をなす人材を採用できたカギとなったのは、「専任組織としての**CSW**」という募集内容だったのではないかと考えている。2000 年の介護保険法施行などを迎え、各大学で福祉系の学部が新設されるなど福祉における人的資源の育成体制は順次整備されてきており、有意な人材が福祉現場を志したなかでも、社会福祉士をはじめとする専門知識をいかんなく発揮できる機会として、「専任組織としての**CSW**」は魅力ある応募先の一つとして選ばれたのではないだろうか。

# 第7節 切れ目のない支援のために

## 1 なぜ社会福祉協議会か

改めてCSWはどのような体制で運営されるのが最適か。

例えば、モデル実施から本格実施に移行し、CSWが地域に定着してきた頃、議会で次のような社協に関する意見が出されている。ちょうど、豊島区社会福祉協議会の名称を、豊島区「民」社会福祉協議会と改めること（第1章第4節）についての審議のなかであった。

2013（平成25）年 総務委員会（6月27日）小林ひろみ委員
「コミュニティソーシャルワーカーの話も出てきましたけれども、かなり福祉の本当に下支えの部分というか、こつこつとやる部分、そういう部分がありまして、私ども、本来、そういうのを区が独自にやってもいいのじゃないかと思っているぐらいで、それをもっと広げていくべきだ。そういう部分では、本来は豊島区がきっちりやって、その周辺の部分を、もっと広い部分を社協でもやるというような形で、二重、三重に広げていくことが必要じゃないかと思っております」

同じ場で永野裕子議員も、次のように発言している。
「これまでも本当に福祉の最前線というか、現場に出てかなり重要な業務をやってこられたと思うのです。介護もそうですし。それに加えて、コミュニティソーシャルワーカーだとか、あとアウトリーチ事業だとか、かなり委託でいろんなものを社会福祉協議会が担っているのが非常にふえていると思います。
　（略）現場に入っていろいろ把握するとか、あと民生委員の事務なんかもこちらが非常にかかわっていて、業務が非常にふえている、しかも重要なものがというような感じがするのですが、これは社会福祉協

議会の問題ですけれども、体制とか区との連携などがより重要になってきていると思うのですが、体制強化みたいな形というのは図っているのでしょうか」

こうした一方には区が直接実施すべきという議論、もう一方には、社協の体制を強化すべきといった議論、時には社協「肥大化」論も含めて、さまざまな議論や意見が当然のことながら、折にふれ出てくる。

## 2 「右往左往、微修正はしても、絶対に後退はしない」

このように検討すべき事項は次々と浮上してきたが、2016年頃になると、豊島区において、**CSW**は福祉に関心のある人たちにとっては、なじみ深いものとなってきている。例えばこのような評価が広まっている。

2016（平成28）年　第3回定例会（第14号9月14日）松下創一郎議員一般質問

「行政の目の届かないという部分はいろいろあると思いますが、先ほど申し上げたごみ屋敷やひきこもりという事例であれば、本当に根の深い込み入った問題であります。反対に、独居高齢者の孤独や産後の不安解消といった定常的に存在し得る問題もあると思います。こういったさまざまな問題に、根の深い問題であれば行政が手をかえ品をかえアプローチしなければならないので、コミュニティソーシャルワーカーさんが奮闘する形となりますが、これにしても地域の細かい情報網からさまざまなヒントを拾い上げていくことが解決の糸口となります」

とはいえ、CSWがどのような体制で行われるべきかについてなど、社会の変化の中で、具体的なあり方は常に見直しを求められ続ける。

例えば、厚生労働省の示す次のような方向性に、引き続き豊島区がどのように取り組んでいくのかをしっかりと議論する必要がある。

2017(平成 29)年 2 月 7 日　厚生労働省「我が事・丸ごと」地域共生社会実現本部決定

「地域共生社会」の実現に向けて（当面の改革工程）における「地域共生社会」は次のように示されている。「制度・分野ごとの『縦割り』や「支え手」「受け手」という関係を超えて、地域住民や地域の多様な主体が『我が事』として参画し、人と人、人と資源が世代や分野を超えて『丸ごと』つながることで、住民一人ひとりの暮らしと生きがい、地域をともに作っていく社会

　これまで見たように、豊島区も CSW、区民ひろば、セーフコミュニティなどに取り組んできた。その一方、行政が住民の求める課題解決のすべてを担う力はないことも明らかである。

　そうしたなかで、最適な形で CSW が活躍できるしくみをつくるのが行政の責任であろう。

　その際の前提としては、厚生労働省の方向性などにも示されたような、地域包括ケアの理念を普遍化し、高齢者のみならず、生活上の困難を抱える障害者や子どもなどが地域において自立した生活を送ることができるよう、地域住民による支え合いと公的支援が連動し、地域を『丸ごと』支える包括的な支援体制をそれぞれの地域特性に応じて構築し、切れ目のない支援の実現が求められている。

　現実の自治体の取り組みとしては、複合化した課題を抱える個人や世帯に対する支援や「制度の狭間」の問題など、既存の制度による解決が困難な課題の解決を図るため、地域住民による支え合いと公的支援が連動した包括的な支援を実現する必殺技や万能薬がないなかで、常に現状を分析し、施策を再評価し、体制を再構築し続けるしかないのであろう。そして、人口減少社会の進行のなかで、現実はますます難しい対応を迫ってくるに違いない。

　本章第 1 節にも記載したが、2018 年 7 月 3 日に総務省の「自治体戦略 2040 構想研究会」が取りまとめた報告書では、「新たな自治体行政の

基本的な考え方」として「住民の生活上のニーズに民間の力も活用して対応するため、ソーシャルワーカーが組織的に仲介する機能が必要」と言及されている。ここにいうソーシャルワーカーは、「公共私が協力関係を構築する」としていることから、CSWにきわめて近いものと思われる。豊島区としても「人口減少下において満足度の高い人生と人間を尊重する社会」の構築のために、どのような進化が必要かを、引き続き全国の自治体と知恵比べをし、切磋琢磨していきたい。

　豊島区におけるCSWの配置・活用も、これまで振り返ってきたように、試行錯誤の歴史であった。正直なところ、「当面の受け皿としての最適性」というロジックで社協への補助事業としてモデル事業は始まった。その後、個人情報取り扱いの便宜などもあって、区からの委託事業と位置づけを見直した。民生委員児童委員の圏域と地域包括支援センター圏域が合致していないなかで、配置の圏域はこのままでよいのかなどへの疑問もたびたび再燃し、社協以外の社会福祉法人から、CSWを社協の専管とすることへの疑問の声も皆無ではない。区職員をCSWに、との選択肢も折にふれて浮上する。
　この議論は常に再燃し、実際に唯一の正解があるとも思えない。どの主体が実施するのがふさわしいのか、社協以外にもふさわしい受け皿があればそうした可能性の検討も必要と思うが、一つ忘れてはならない点がある。
　たとえ、豊島区のように「当面の受け皿」ではじめても、地域にとってCSWが有効である限り「右往左往、微修正はしても、絶対に後退はしない」という決意が必要ということである。このことは、約10年になろうとする豊島区の実践から明記させていただく。

第 **3** 章

# CSWの実践論
# 豊島区の事例から

前章まで、豊島区において**CSW**が専任配置されるまでの背景や経過、意義、そして事業開始当初における取り組みなどについて詳細に述べられてきた。本章では、こうした過程を経て、現在豊島区**CSW**が取り組んでいる具体的な実践について述べる。

　まず第1節では、区民ひろばに配置されている**CSW**が、日常どのような動きをしているのか、ある**CSW**の一週間のスケジュールをもとに紹介する。第2節では、各圏域の**CSW**が対応した相談や活動のなかから、複雑かつ多様な課題を抱えた人々への個別支援事例や、住民や関係機関とともに展開している地域支援活動事例を9件事例報告する。そして第3節では、圏域を問わず、**CSW**が区内全域で共通して、あるいは共同して取り組んでいる活動について述べる。

　これらはあくまでも一端に過ぎないが、豊島区**CSW**の実践の雰囲気を感じ取っていただければ幸いである。なお、第2節の事例に関する記述においては、個人が特定できないように配慮し、内容を一部加工している。

　特に第2節で紹介する事例は、当然のことながら個々の実情に応じた唯一無二の背景を抱えている。しかし、全国の自治体が直面する一つひとつの家庭や個人の課題に対応する、その基本的姿勢には共通するものがあるに違いない。豊島区の**CSW**の実践が、多くの自治体にも共感していただけるならば望外の喜びである。

# 第1節 豊島区民社会福祉協議会 CSWの日常

## 1 CSW配置経過と配置場所

### 1 CSW配置経過

　豊島区民社会福祉協議会では、2009年度からモデル事業を実施し、その後、2012年度に豊島区より事業を受託した。

　第1章第1節にも記したがモデル地区1圏域の配置から、2012年度に3圏域、2013年度に4圏域、2014年度に6圏域、2015年度には全地区となる8圏域に配置した。なお、2017年度までは各2名ずつ、計16名の配置であったが、2018年3月に改訂された「豊島区地域保健福祉計画」および「豊島区民地域福祉活動計画」において、区内12か所へ配置を拡大する方針が示されたため、2018年度にはアトリエ村、西部の各圏域に1名ずつ増員となった。これにより、現在は8圏域、計18名配置となっている。

　圏域割りは、豊島区の高齢者総合相談センター（地域包括支援センター）圏域と同一であり、配置場所は各地区内の区民ひろばである。圏

図表3-1　区内の地域包括支援センター8圏域

域の名称も、高齢者総合相談センターと同じである。

## 2 区民ひろばへの配置
### 1 部屋（スペース）

　区民ひろばは各圏域内に複数設置されており、CSWはそのうちの1か所を常駐の配置場所としている。常駐する各区民ひろばには、CSWの事務机や電話、パソコン、プリンターなどを設置している部屋（スペース）があり、訪問や会議などで外出する以外はここで相談対応や事務作業などを行っている。

　区民ひろばによって、CSWが使用している場所の状況は異なる。基本的には、区民ひろば内の独立した部屋を使用しているが、区民ひろばのスタッフと同じ部屋の中で、間仕切りをして使用しているところもある。部屋の大きさもさまざまである。

### 2 来談者への対応

　CSWへの来談者については、CSWの部屋の中で対応するが、区民ひろばスタッフとスペースを共有している場合は、来談者の意向や相談内容により、区民ひろば内の別室を借りるなどの対応をしている。来談者が安心して話ができるように、区民ひろばの協力を得て、場面の設定を行っている。

　来談者だけではなく、電話でのやり取りなどについても、区民ひろばスタッフや利用者に会話が聞こえてしまう場合があるため、話をする音量やタイミングなどに配慮をしている。

### 3 不在時の対応

　CSWは、区民ひろば内に一日中いることもあるが、相談者宅の訪問や地域活動への参加、会議体への出席などで不在になることが多い。そのため、電話については、不在時にはCSWが所持している携帯電話に転送されるように設定しており、出先で電話を受けるようにしている。

また、急病などのやむを得ない事情により、圏域2名（3名）ともに出勤できない日や時間帯がある場合は、隣接圏域に電話が転送されるようにしているため、そちらで対応している。

　面談の約束をしていない来談者については、区民ひろばスタッフから不在であることを伝えてもらい、改めてCSWがいる時間帯に足を運んでもらう。急を要する場合は、携帯電話に連絡してもらっている。区民ひろばスタッフには、いつCSWが区民ひろばにいるかわかるように、ホワイトボードなどに予定を記入するなどして伝えている。

### 4　区民ひろば配置のメリット

　区民ひろばは、赤ちゃんからお年寄りまで、誰もが利用できる地域コミュニティの拠点であり、小学校区を基礎単位として設置されている地域住民にとって身近な施設である。その区民ひろばにCSWが配置されることで、住民や運営に携わる人々と日常的に顔を合わせ、関係を構築することができるため、CSWが地域にとって身近な存在として認知され、日常的に地域生活課題の把握や相談対応、解決に向けたアクションを行うことができる。

　実際に、区民ひろばにいるCSWには、ちょっとした心配ごとや悩みごと、近隣の気になる人に関する相談など寄せられることが多い。また、区民ひろばスタッフが地域住民から受けた相談をCSWにつなげたり、区民ひろばスタッフが利用者の変化や気になることをCSWに相談することなどもあり、セーフコミュニティの拠点としての区民ひろばの機能を高める役割も果たしているといえる。

## 2　CSWの活動

### 1　一日のはじまり

#### 1　朝ミーティング

　CSWは、朝は直接各区民ひろばに向かうのではなく、「豊島区役所

東池袋分庁舎」に出勤する。東池袋分庁舎の4階は社会福祉協議会の本部、3階にはCSWが所属する地域相談支援課の事務室があり、ここにCSW全員が座ることができるスペースがある。この事務室には、地域相談支援課長、CSW担当チーフ（仮長相当職）、生活支援コーディネーター（第1層）が常駐している。

　事務室に集まったCSWは、始業時間になると「朝ミーティング」を行う。朝ミーティングは、CSW18名のほかに、事務室に常駐している上記3名の職員と、豊島区役所本庁舎にいる自立相談支援担当（くらし・しごと相談支援センター）から当番制で1名が参加しているため、欠席がなければ22名の職員で行われる。

　朝ミーティングでは、各圏域や担当より当日の予定や全体で共有したいトピックの発表、事務連絡、研修報告などを行っている。他圏域のCSWがどのような動きをしているかを共有することで、自身の担当圏域の活動にフィードバックすることもできる。

　基本的に、個別支援事例に関する共有や検討は行わないが、朝ミーティング終了後に、CSWが個々に課長、チーフへ個別ケースや地域活動に関する助言を求めることができる。また、後述の「ユニット会議」において、ユニット単位での個別ケースの全件チェックなどが行われている。

## 2　朝ミーティング実施の背景

　朝ミーティングは、2015年に豊島区役所の庁舎移転や社協の事務所があった現東池袋分庁舎の改修などが行われた際に、CSW全員が集まるために必要なスペースを確保することができたことにより開始した。なお、配置場所ではない場所に集合するということは、始業後に各区民ひろばへの移動が生じるというデメリットもある。しかし、豊島区は面積が13.01㎢と東京23区でも6番目に狭く、電車やバスなどの交通網も充実しており、池袋の事務所から各区民ひろばまで10～15分程度、一番遠いところでも30分で移動できるため、毎日の実施が可能であったと考える。

朝ミーティングが実施される前までは、CSW は直接担当の区民ひろばに出勤し、特に用事がない限りは社協本部には寄らずにそのまま終業していたため、1 日のうちに一度も他圏域の CSW や社協職員と顔を合わせないこともあった。また、社協本部に用事がある際も、CSW が専有できるスペースがなく長居することができず、十分なコミュニケーションが図れていなかった。そのため、日々の自分たちの実践や活動の方向性がこれでよいのか、迷いや葛藤を抱えながら取り組んでいたのである。

　朝ミーティング自体は時間にして 10 分程度であるが、日中のほとんどの時間を区民ひろばや地域で過ごし、2 ～ 3 名の体制で業務を行っている CSW にとっては、毎日顔を合わせることは CSW の孤立を防ぎ、同じ職場の仲間としての連帯感や、組織への帰属意識をもつことができる貴重な時間になっているのである。

## 2　各圏域 CSW の日常

　朝ミーティング終了後、各地区 CSW は課長やチーフ、他圏域の CSW、他部署職員などと打ち合わせをすませてから、各圏域の区民ひろばへ向かう。圏域での実践について、ある CSW の一週間のスケジュールから、その一部を紹介する。

### 1　相談対応（来所、同行、電話など）、暮らしの何でも相談会

　日常的に、区民ひろばへの来所や相談者宅等への訪問、電話などによる相談対応を行っており、関係機関への連絡調整も含めると、2017 年度の相談延べ件数では電話による対応が一番多く、続いて訪問による対応となっている。地域のサロン活動などの出先や、自転車で移動中に CSW のことを知っている住民にまちなかで声をかけられ、立ち話で相談を受けることなどもある。

　また、常駐している区民ひろばだけではなく、圏域内にある他の区民ひろばでも、定期的に「暮らしの何でも相談会」を実施しており、より

小地域にアウトリーチし、相談を受けられるようにしている。相談会は、区民ひろばではなく自治会と連携して公営住宅の集会室で行ったり、茶話会形式で話をするなかで気軽に相談ができる雰囲気などをつくるなど、圏域によって工夫して実施している。

## 2　地域のサロン活動等への参加、協力、支援

　地域で行われている子育てサロンや高齢者サロン、多世代交流サロンなど、分野を問わず地域住民が集まる場に参加して、活動の実態把握やCSW活動のPRなどを行っている。

　そのなかで、参加者から個別の相談を受けるだけではなく、運営者から運営上の課題などについての相談を受けることもある。活動の実態や課題を把握することで、ボランティアが不足していれば、協力したいという住民をマッチングしたり、物資や資金調達が必要であれば、寄付や助成金の情報などを提供したりするなどの支援を行っている。

　また、地域の社会資源として、地域で孤立している住民をサロンなどの地域の集いの場へつなげるためには、その人に合う場なのか、受け入れてもらえるかどうかなどを把握している必要がある。そのため、運営のキーパーソンや、活動に携わる人々の思いをしっかりと受け止めるように心がけている。

## 3　ケース会議、ネットワーク会議等の会議体への参加

　個別の相談対応について、必要に応じて関係者間でのケース会議に参加している。もちろん、CSWが会議を主催することもある。CSWがかかわるケースでは、多問題や複雑化した課題を抱えた人や家族が多いため、複数の専門相談機関でケース方針を検討・共有し、チームアプローチを行うことが必要になる。

　また、各種ネットワーク会議や会議体にも参加している。地域包括ケアシステム推進のための医療・介護・福祉の多職種連携会議、地域包括支援センター主催の地域ケア会議、区民ひろばや保育園、民生委員児童

委員などが参加する子育てネットワーク会議、無料学習支援団体が集う学習支援ネットワーク、子ども食堂ネットワークなどである。そのほかにも、認知症施策推進会議や要保護児童等対策地域協議会、障害者地域支援協議会などの委員やメンバーになっており、フォーマル、インフォーマルを問わず、さまざまな分野、人々とのつながりをもっている。

## 4　ユニット会議の実施

　CSWの8圏域のうち、隣接圏域を1ユニットとして、4ユニットを形成している。ユニット会議では、ケース進捗状況を共有するなかで、情報共有と日常的な相互支援体制の強化を図っている。

　会議は、原則週1回、30分で行われる。前回の会議実施以降の個別支援のすべての新規ケース、および動きのあったケースを共有している。ケースの共有には「ケース共有シート」を用いており、相談が継続しているか、終結したのかを確認できる。なお、月1回は30分ではなく1時間の枠を取り、通常のケース共有に加えて、相談継続となっているすべてのケースの進捗状況を確認する。これにより、対応に漏れがないか、適切なタイミングで支援できているかなどをチェックしている。

　また、ケース内容の共有だけでなく、CSWとしてどのようにかかわっているか、見立てや悩んでいることなども話している。ユニット内で話をしても消化不良に陥るケースなどは、別途CSW担当チーフに相談する。

## 5　記録作成、相談実績集計作業、広報チラシ作成

　CSWが対応した相談や、地域の実態把握を行い聞き取った内容や状況などについては、すべて記録をとっている。それらの記録は、個別相談支援やスーパービジョンを受けるために必要なものであり、CSW事業の実績を示すためにも重要な資料となる。実績は、各圏域で1か月ごとに集計を行い、全圏域分を集約して委託元である豊島区へ報告している。

また、地域活動やCSWの活動を「見える化」していくために、広報チラシ等の作成も行っている。各圏域で「CSW通信」や何でも相談会の周知チラシなどを作成しており、地域住民や区民ひろば、関係機関に配布している。ほかにも、会議などに向けた資料作成を行うなど、事務的な作業も含め、区民ひろばで机に座っている時間も多い。

**図表 3-2　あるCSWの一週間**

| | 8:30 | 9:00 | 10:00 | 11:00 | 12:00 | 13:00 | 14:00 | 15:00 | 16:00 | 17:00 | 17:15 |
|---|---|---|---|---|---|---|---|---|---|---|---|
| 月 | ミーティング | 移動 | 事務作業 | Aさん来所対応 | 昼休み | 事務作業 電話相談対応 | | Bさん同行 (病院・区役所) | | 相談記録作成 | |
| 火 | Cさん宅 ごみ出し (7:30～) | 移動 | 学習支援 ネットワーク会議 | | 昼休み | 暮らしの 何でも相談会 | | 相談記録作成 電話相談対応 | | | |
| 水 | ミーティング | 移動 | 事務作業 連絡調整 | 子育てサロン (民生委員) | 昼休み | ケース会議 (地域包括) | | 区民 ミーティング 準備 | | 区民 ミーティング (～19:00) | |
| 木 | ミーティング | ユニット会議 | 社協内 プロジェクト チーム会議 | 移動 | 町会長へ ヒアリング | 昼休み | 広報チラシ作成、相談実績集計 電話相談対応 | | | | |
| 金 | ミーティング | 移動 | 事務作業 連絡調整 | 多世代交流 サロン | 昼休み | 外部研修受講 | | | | | |
| 土 | | | 地域の見守りに 関する検討会 (町会) | | 昼休み | 高齢者サロン (町会) | | | | | |

## 3　区内で広がる地域活動

　豊島区内では、地域住民自らが地域課題を受け止め、「他人ごと」ではなく「我が事」として、支え合い、助け合おうとする活動が数多く実施されている。そのような地域活動を、CSWは日常的に把握し、連携をとりながら活動している。

　また、それらの地域活動をCSWだけが把握するだけではなく、地域に発信することで、地域活動を後押しするとともに、地域住民の福祉意識の醸成を図っている。前述の「CSW通信」などによる小地域での発信も行っているが、CSW全員で作成した「トモニーつうしん（としまささえあいMAP）」と「Story & Map このまちでみんなと生きてゆく」を紹介する。

## 1 「トモニーつうしん」(としまささえあい MAP)

　「トモニーつうしん」は、豊島区民社会福祉協議会が年 2 回発行している広報紙である。新聞折込や区内公共施設等に配布しており、8 万 5 千部発行している。通常は、社会福祉協議会主催のイベントや講座、事業案内などを掲載しているが、2017 年 3 月に「としまささえあい MAP」と数団体の活動紹介を掲載した特別号を初めて発行した。

　「としまささえあい MAP」には、主に住民主体で行われている地域活動のなかから「つどいの場」や「サロン」と呼ばれる活動を中心に掲載している。2018 年 3 月発行号では、高齢者サロンや子育てサロン、子どもの学習支援活動、子ども食堂など、合計 119 の活動を掲載した。これは CSW が把握している活動だけであり、また非公開の活動も除いているため、実際にはもっと多くの活動が存在している。

　それぞれ目的や内容は違うが、「みんなが安心して暮らせるまちをつくっていきたい」「自分が育った地域へ恩返しをしたい」など、地域のなかでの孤立を防いだり、困りごとを解決したり、安心感や楽しみ、生きがいをもつことができるような活動を展開している。

　「としまささえあい MAP」を見た地域住民からは、「活動に参加したいので詳細が知りたい」「引っ越したばかりで地域のことがよくわからないので助かった」「こんなに地域で活動があることを知らなかった」「時間があるので活動に協力したい」「子ども食堂にお米を寄付したい」「仲間とサロンを立ち上げたいからやり方を教えてほしい」など、さまざまな反応があった。これらの声は担当圏域の CSW が聴き、各活動につなげたり、新たな活動の立ち上げ支援を行うなどの対応を行っている。

**図表 3-3　としまささえあい MAP**

トモニーつうしん特集号（2018 年 3 月 12 日発行）

## 2　Story & Map このまちでみんなと生きていく

「Story & Map」は、主に豊島区内において、個人や地域全体を支える活動を興している人やグループ、団体、企業などを紹介する地域活動情報冊子であり、2018 年 3 月に発行した。ここでは、地域で生き生きと暮らす人々の"Story"と、多様な支え合いの地域活動情報の"Map"、合わせて 150 の人や団体を掲載している。A4 判（カラー）、128 ページの冊子となっており、区内公共施設や豊島区民社会福祉協議会のホームページで閲覧することが可能である。

前述の「としまささえあい MAP」に掲載した活動は、主に"Map"として写真つきでより詳細に活動を紹介しているが、本冊子の特徴は、地域活動者の"Story"に着目し、なぜ地域活動をしているのか、どのような背景があるのかを、インタビュー形式で掲載していることである。

インタビューでは、町会長や団体の代表者、障害児を育てる親、個人

Story & Map（2018 年 3 月発行）

のボランティア、元ひきこもり当事者、国際交流シェアハウスの運営者、地域貢献活動を行っている企業など、分野や年代を超えて、バラエティーに富んだ人々から話を聴くことができた。紙面の関係上、掲載できる人や団体には限りがあるため、対象者の選出には苦労した。言い換えれば、もっと話を聴きたい、紹介したい人々が地域には多くいるということであり、地域は人材の宝庫であることを改めて認識することができたのである。

なお、掲載する人や団体の選出からインタビュー、原稿作成や写真撮影などは、CSW と、生活支援体制整備事業の一環として生活支援コーディネーター（第 1 層）が共同して行った。取材の過程では、CSW 自身も新たな出会いや気づきを得ることができ、その後の CSW の活動にも活かされている。

## 3 CSW を取り巻くコミュニティネットワーク

CSW は、フォーマル、インフォーマル問わず、「豊島区内における CSW を取り巻くコミュニティネットワーク」のとおり、地域住民やさまざまな団体等と連携して活動をしている。なお、このネットワーク図では、社会福祉協議会や CSW を中心につながりを表現しているが、当

然それぞれの団体間も横につながっていることを、念のため記しておく。

すべての団体との関係性について紹介したいところではあるが、ここではその中から一部を紹介する。また、本章第2節および第3節においても、各団体との連携が記載されているので、参照されたい。

## 1 町会・自治会、民生委員児童委員、青少年育成委員との協力関係

CSWが全地区に配置される前から、豊島区民社会福祉協議会は、町会連合会、民生委員児童委員協議会（6地区）、青少年育成委員会連合会それぞれと、「協力及び活動に関する協定」を結んでいる。この協定では、各団体の特性や活動内容に応じて、社協と相互に協力し、地域福祉活動の更なる活性化や、安全・安心の地域づくりを目的としている。

このように、各団体と社会福祉協議会の協力関係が基盤にあったことも、CSWが各地域でスムーズに関係性を構築することができた大きな要因であるといえる。

### 1 町会・自治会

町会・自治会主催により、地域で行われているお祭りや敬老会、もちつき大会、防災訓練などの行事に、CSWが参加、協力している。

併せて、町会長や町会役員などから、町会・自治会の現状や課題、特徴などをヒアリングして、地域の実態を把握している。地域によっては、地域住民の孤立や災害時の要援護者支援などの地域課題について、CSWも一緒に協議を進めている。

### 2 民生委員児童委員

民生委員児童委員が地域で受けた対応が困難な相談のうち、民生委員児童委員よりCSWに相談が入ることもあり、一緒に対応している。逆に、CSWがかかわる相談のなかで、民生委員に地域でのかかわりをうかがったり、協力を依頼することも多々ある。

また、各地区で月1回行われている民生委員児童委員協議会には、各担当圏域のCSWも出席している。そのほかにも、民生委員児童委員主催の子育てサロンや班活動などにも参加しており、日頃から緊密にコミュニケーションを図っている。

### 3　青少年育成委員

　青少年育成委員会主催の子ども向けのイベント（夏まつりや運動会など）に参加、協力している。また、地区によっては青少年育成委員会の総会などに参加して、活動状況を把握している。

　CSWが主催している子どもの学習会の実施にあたっては、多くの青少年育成委員より協力を得ており、活動を通じて子どもの現状や課題などを共有している。

## 2　大学、企業等との連携

　豊島区内には大学や専門学校、企業の事務所なども多いため、特に日中は在学、在勤の人も多く滞在している。そのため、地域での担い手不足や災害時の課題への対応なども含め、地域活動を推進、活性化させていくうえで、これらの人々との連携を進めることが必要となっている。

　大学、専門学校等の学生は、区民ミーティングや地域活動への参加、子どもの学習支援活動などでのボランティアなどを行っている学生も多い。外国人留学生が多く通っている専門学校などもあるため、多文化共生の視点で、地域住民との交流の機会なども生まれてきている。

　また、地域住民のちょっとした困りごとを支援するボランティア活動『学生出前定期便』（大正大学）なども実施されている。支援内容は電球の取り替えやパソコンの操作説明、話し相手などで、学生のできる範囲で実施している。相談者からの申込受付をCSWが行い、利用者の生活状況やニーズを把握、必要に応じて関係機関へつなぐなどしている。学生であることの強みを活かして、行政によるサービスに抵抗感を示す住民へのアプローチができたことなどもある。

企業との連携では、地域福祉サポーターへの登録をきっかけとして、地域活動につながることもある。ある区内企業は、CSWと地域の現状等について情報交換や協議を重ねたうえで、CSWの紹介で地元の学校や区民ひろば、町会などとつながることで、子どもの見守り活動や地域のお祭りへの参加や協力などを行った。

　企業は、地域貢献活動を行いたいと考えていても、地域の実情やニーズがわからずに取り組みに至らないこともあるため、地域とつながっているCSWが、両者をつないでいくことが必要である。

**図表 3-4　豊島区におけるCSWをとりまくコミュニティネットワーク**

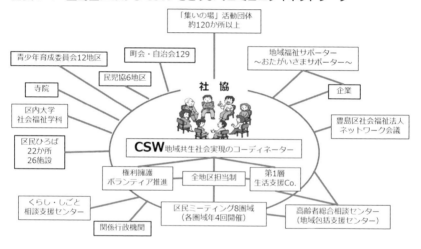

# 第2節 実践事例

## 1 事例 その1
### 父親の急逝により一人暮らしとなった軽度の障害が疑われる娘への支援

### 1 事例の概略

■ 支援対象家族・親族の状況

娘A ……40代
父 ……70代
母 ……数年前に死去
兄 ……隣県在住も本人・父ともに関係不良

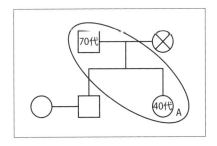

■ 居住環境

　一軒家で持ち家（父の死後、Aが相続）。閑静な住宅街ではあるが、近くに小さな商店街があり大通りに出れば飲食店等お店が多い。父親が地域との交流を避けていたため、知り合いはいない。

■ 支援対象者家族のプロフィール

|  | A |
|---|---|
| 生活歴 | 高校卒業。20歳を過ぎてから服飾関係の専門学校に通った。 |
| 経済状況 | 預貯金と父からの相続分。就労での収入はなし。 |
| 健康・病歴 | 知的や発達の障害の疑いはあるが手帳などはない。 |
| ADL・IADL | 自立。清潔保持は注意が必要。食事は外食が多い。 |
| 趣味・特技 | アーティストのライブ、テレビ観賞、映画観賞 |
| 希望・意思 | 町会行事等で人前に出るのは苦手だが、地域の人から嫌われたくない。困りごとは特にない。 |

## 2 相談・対応経過

### 父の入院により一人になった娘の今後が心配

民生委員児童委員より CSW に連絡が入る。「先日救急車が A 宅の前に止まっており、父親が緊急入院したと聞いた。軽度の障害が疑われる A と二人暮らしの家庭で、心配である。今後について A と話をするので、CSW に立ち会ってもらいたい」とのことであった。A 宅に向かい、顔を合わせる。以後、日常生活自立支援事業（地域福祉権利擁護事業）や成年後見制度の利用も視野に入れて、「福祉サービス権利擁護支援室サポートとしま」と連絡を取り合いながら、A について協議を重ねる。

【相談初期のソーシャルサポートネットワーク】

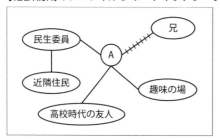

### 父親が逝去　信頼関係を築くため訪問を続ける

相談の入った約1か月後、父親の退院に向けた会議を行う予定であった前日に、父親が死去する。兄は父親の葬儀にも来ない等、関係不良であることがうかがえた。

民生委員と話をし、当面の間 A の生活上の支援と相談に乗れる体制づくりを行いたい旨、同意を得る。A にも訪問の了承を得て、以降1年弱の間、生活上の困りごとや父親の相続関係の書類の整理等をきっかけとして、信頼関係を築くため月に1～2回程度見守りの訪問を続ける。その結果、生活のなかでの困りごとは、A 自ら民生委員児童委員に相談するような関係性を築くことができた。

民生委員児童委員とつながりができたことから、町会のごみ当番を任されるようになり、町会の行事にも参加できるようになってきていた。

民生委員児童委員も、近隣の噂からAに障害があるのではないかと先入観をもっていたが、実際にかかわってみると、予想以上に自分でやれることがあるのだとわかった、と話していた。また、その頃には、民生委員児童委員とCSWがA宅を訪ねると、お茶を出して待ってくれている様子も見受けられた。

### 町会のごみ当番を継続　兄との関係について確認する

兄との関係性についてはAからの話では「何でこうなったのか理由がわからない」とのことで不明であったが、遺産相続の手続きでAが兄と顔を合わす際に、Aから兄にCSWの名刺を渡してもらい、民生委員児童委員とCSWが訪問に来ていること、緊急連絡先として兄の連絡先を教えてほしい旨を伝えてほしいと伝言し、兄の連絡先をうかがう。就労に関しては、あと数か月で趣味として参加していたアーティストのライブ活動が終了するので、その後考えたいとのことだった。

以後、2か月に1度のペースで訪問を行う。町会のごみ当番は継続できている様子で、これからのことについて聴くと「パソコン関係のことを考えている」との返事がある。町会イベントのチラシ作成や、町会のパソコン教室への参加を打診し「検討する」と返事をもらう。

### 兄からの連絡　サービスにつながるまで

Aの兄から「いつまでも一人では放っておけないと思った」とCSWに連絡が入る。兄・民生委員児童委員・CSWとの面談を設定し、これまでの経緯を伝える。兄からは、今後Aが地域で生活していくうえで、可能な範囲でサポートをしていくとの話があった。

同じ頃、Aが銀行窓口にて、内容をよく理解しないまま高額な保険に加入していたことが判明する。兄と密に連絡を取り合い、適切な情報を提供する。今後も同様のことが起きる可能性も想定されたため、「サポートとしま」に相談しながら成年後見制度の利用を検討し、法定後見の申し立てに至った。

また、Aからは働きたいと希望があり、就労支援を受けるために、CSWが障害者手帳の取得に向けて支援を行う。手帳取得後、地域の事業所に通うことになり、今も民生委員児童委員をはじめとした地域の人たちに見守られながら、自宅で生活を続けている。

【介入後のソーシャルサポートネットワーク】

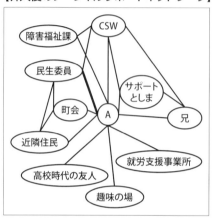

## 3 事例の考察

### CSWの見立てと支援

　障害者手帳等はないものの、保険や新聞などの勧誘の断り方がわからない、お世話になった人への常識的な対応ができない等のことから、判断能力に不安があると推測された。加えて、聞かれたことに「はい」「いいえ」のようにしか応えることができず、自分が何に困っているのか判断できない様子が見られ、何らかの支援が必要と考えられた。

　言われたことはできるが、自分で考えて行動することが難しく、本人のペースを尊重し、本人の気持ちに寄り添うケアが必要であった。困りごとや想いをゆっくりと傾聴し、本人とともに考え、頭のなかを整理する時間を大切にした。

　相続関係の手続きが終わり次第、地域活動参加への促しを民生委員児童委員とともに行った。就労や手帳取得についても、本人の意思の確認

を丁寧に行いながら、随時情報提供を行った。

### 今後の対応と課題

　価値観の違いから、Aが生活のなかで楽しみとしている趣味活動について、当初民生委員児童委員が理解を示すことができなかった。そのため、民生委員児童委員には、趣味活動がAの生きがいになっていることを伝え、Aの想いを代弁し理解を求めた。就労につなぐことだけがすべてではなく、Aの気持ちに寄り添った支援が必要だと考えた。

　本ケースは親が亡くなり顕在化したケースであるが、8050問題は地域のなかに多数潜在化していると思われる。民生委員児童委員や地域住民への課題周知などを行いながら、問題を早期に発見できるしくみづくりが肝要となる。また、軽度の障害が疑われるが手帳やサービスにつながっていないケースも多数存在している。就労やその他課題についてどの機関が対応していくか、専門職間での協議を踏まえたうえで、地域でも検討していく必要があると考えている。

## 2 事例 その2
### 母親の介護のために離職した息子の社会とのつながりづくりや就労へ向けた支援

### 1 事例の概略

■ 支援対象家族・親族の状況

長男A … 40代
母親B … 80代

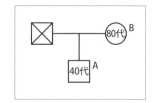

■ 居住環境（小地域の状況を含む）

高齢化率6割の集合住宅。入居当時から住んでいる人は顔見知りの関係にはあるが、ほとんどが高齢者になり、交流などはなし。唯一、同じ階に住む女性が気にかけていた。駅が近く、古くからの商店街もにぎわっており、移動も買い物も便利で住みやすいまちである。

■ 支援対象者家族のプロフィール

|  | A | B |
|---|---|---|
| 生活歴 | 20代から30代後半まで契約社員として出版社のイラストレーターとして働く。 | 調理師として定年まで勤めていた。 |
| 経済状況 | 収入なし、貯金（約100万円） | 無年金、貯金わずか |
| 健康・病歴 | 健康 | 認知症 |
| ADL・IADL | ある程度の家事はできる。 | 要介護5 |
| 趣味・特技 | イラスト、パチンコ | 不明 |
| 希望・意思 | お金がないので、本人がデイサービスに行っている間に、週2日仕事をしたい。 | 自宅で生活したい。 |

## 2 相談・対応経過

### 近隣住民が気にかけていた80代の認知症母と40代の息子の二人暮らし

　同じ集合住宅に住み親子の暮らしぶりを気にかけていた高齢の女性から、「40代の息子が母親の介護をしているが、母親の認知症がひどい。息子は母親の介護で働けないので、ずっと家にいる。年金もないみたいで大変そうだ。時々声をかけているが、心配だ」と相談を受ける。

　CSWが親子との接触のタイミングを見ていた頃、Bのケアマネジャーから気になる親子がいると相談を受ける。話を聴くと、同一人物ということがわかる。親子二人暮らしで、貯金を切り崩して生活しており、Aは働いておらず、介護関係者以外、社会とのつながりがない。B亡き後の生活が心配である。ケアマネジャーとして、Bはもちろんのこと Aのことも気にかけて関係を築いてきたが、Aの今後の生活について、CSWにもかかわってほしい、親子に会ってほしいとのことだった。

　ケアマネジャー同席のもと、区民ひろばでCSWが親子と面会する。ケアマネジャーからの紹介ということもあり、AはCSWを受け入れてくれた。Aの一番の不安は、貯金を切り崩して生活をしているため、近いうちに貯金が底をついてしまうということだった。Aの希望としては、Bが週2回デイサービスに行っている間、少しでも仕事をしたいというものであった。

【相談初期のソーシャルサポートネットワーク】

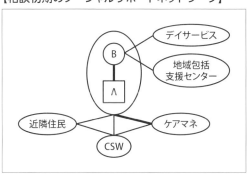

## CSWが息子と関係を築くまで

　Aは、Bを車いすに乗せて「デイサービスに行かない日は外へ連れ出さないと夜寝ないから」と自宅周辺をよく散歩をしていた。CSWは道端で、親子とよく会うことがあり、世間話などを交わしていた。普段から顔を合わせることによって、自然と親子との距離が近くなっていった。初回に会って以来「区民ひろばに行くのは緊張する」と、半年ほどはAがCSWを訪ねてくることはなかったが、外で挨拶や世間話を交わすなかで、AからCSWに会い来るようになり、傾聴を重ねていくようになった。

　Aは、大手出版社でイラストを描いていたということもあり、出版社時代の話や、絵のことを教えてもらい、Aの話を中心に会話をしていった。Aは「長い間、人と喋っていなかったので自分の考えが正しいのかどうか不安になっていく。道を歩いていても下を向いてしまう」とよく発言しており、CSWと話をした後は、「誰かとつながっていないと不安になる。聴いてもらえてよかった」と帰っていった。

## 介護と両立しながら生活のために働きたい

　Aは、15年ほどイラストレーターの仕事をしていたが、パソコンの普及とともにイラストは手描きからパソコンで描く時代になり、パソコンができないため、仕事がなくなった。Bの介護もあって、10年以上、今の生活が続いている。

　Aの希望としては、Bの介護は大変だが、施設には入れず、最期まで自分が看取りたいというものだった。そのため、介護と両立できる在宅ワークを希望していた。また、長年Bの介護生活をしていたこともあり、介護の仕事をしてみたいという気持ちもあった。そのため、CSWより「くらし・しごと相談支援センター」にて仕事の相談ができる旨を説明し、『一緒に相談に行かないか』と伝える。後日、CSWとともに、くらし・しごと相談支援センターへ相談に行く。

　また、CSWより「CSWがつくっているチラシのイラストが描けな

くて困っている。よかったらアドバイスしてほしい」と話を持ちかけ、Aにイラストのアドバイスをもらい、チラシの挿絵に協力してもらった。

### CSWと民生委員児童委員による息子へのはたらきかけ

　民生委員児童委員より、近々地域で子ども向けのイベントがあるので、CSWに協力してほしいと相談が入る。イベントにおいて装飾が必要だったため、Aが得意の絵を描くことで社会とつながりがもてるチャンスになるのではないかと考える。民生委員児童委員にAの状況を伝えたうえで、このイベントの絵をAに描いてもらいたいと相談する。民生委員児童委員は、理解を示してくれ、一緒に協力をしてもらうことになった。

　後日、CSWと民生委員児童委員でA宅を訪問して「ぜひイラストを描いてほしい」と依頼する。AはBの介護があるから期待に応えられるかわからないと言いつつ、引き受けてくれた。「10年ぶりに使ったポスカは固まっていたが、昔を思い出しながら描いた。編集長に見せるときがいつもドキドキする」と現役時代を懐かしみながら締切日をきちんと守り、描いてきてくれたイラストを渡してくれた。Aはいつもより覇気がある顔つきをしており、「ここ半年、誰とも喋らなかったが、CSWとかかわるようになってたくさんの人と喋るようになった」と言っていた。「当日晴れていたら、母親を連れてイベントを見に行こうと思う」と話していた。

### 母親が亡くなる

　「母親が亡くなった」と地域包括支援センターからCSWへ連絡が入る。Aは憔悴しきっていた。2週間ほど経ち、様子をうかがいに訪問すると、Aより「イベントは晴れていたので、母親を車いすに乗せながら見に行くことができた。ぐるっと一回りし、自分の絵が飾ってあるのを母親と見ることができた。これが母親との最期の外出だった」と話してくれた。

　最近の様子をうかがうと「10年間母親の介護をしてきたので、友達もいない。唯一、喋ってきたのは介護関係者たちだが、その人たちとも

関係が切れてしまう。CSWは相談に乗ってくれるか」と不安そうに聞いてきた。「やることがなく暇で、誰かと喋りたい」という発言も見られた。CSWは今までと変わらず相談に乗れることを伝え、気晴らしにCSWも出席する地域のイベントに行ってみないかとお誘いをする。「晴れたら行ってみようかな」とのことだった。

### 外へ出ようと思ったきっかけ～地域のお祭りでの人との出会い～
　CSWが誘った地域のお祭りに、Aが顔を出す。民生委員児童委員もお祭りに参加しており、Aに話しかけた。お祭りには、Bが通っていたデイサービスの職員もいたため、Bのことを悼みながら、Aはたくさんの人に話しかけられていた。お祭りの後、Aより、「母親の介護をやってきた10年間、介護関係者ばかりと話し、自分の話をしたことがなかった。今日、CSWに誘われてお祭りに来たが、たくさんの人と喋れてよかった」と言っていた。
　その後、Aは「母親が亡くなった一番辛いとき、CSWにお祭りに誘われて、たくさんの人に話しかけられたことがとても嬉しかった。あれが外に出ようと思ったきっかけ」と繰り返し話をしている。

### 引っ越し～複数圏域のCSWでAの気持ちに寄り添う～
　Bと住んでいた集合住宅から引っ越す必要があったため、Aは不動産屋に行き、賃貸の物件を見つける。引っ越し先は同区内であったが、CSWの担当圏域が変わってしまったため、引っ越し先の住所地の圏域のCSWへ引き継ぐ。
　Aは介護の初任者研修を受講し、かねてから希望していた特別養護老人ホームでのベットメイキング等、清掃の仕事を週2日勤務する。介護職を希望していたため、希望通りではないが、自分のペースで日常生活を送っている。
　Aは、引っ越し先の圏域のCSWにも慣れ、主にそこで相談をすることが多くなっているが、両圏域のCSWでAの気持ちに寄り添いながら、

支援を続けている。

【現在のソーシャルサポートネットワーク】

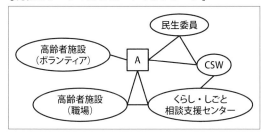

## 3 事例の考察

### CSWの見立てと支援方針

　Aは、Bの介護で常時頭がいっぱいであるため、得意のイラストを活かしてBの介護以外に興味を向けられないかと考えた。長年、介護関係者以外との社会のつながりがなかったため、イラストを描くことで人と地域とつながり、いずれはAが希望する就労へつなげられるように促していった。

### 今後の対応と課題

　Aが希望する職種とのマッチングが難しく、くらし・しごと相談支援センターとCSWで役割分担をしながら、Aを支援していくことが必要と感じる。

　A家族と同じような、いわゆる8050問題は地域のなかで数多くみられ、事態が深刻になってから相談にあがってくるケースがほとんどである。子世代の離職した理由は、親の介護のほか、社会でのつまずき、精神疾患等さまざまであるが、一度社会から離れると孤立し、再び社会とつながることは本人の努力だけで解決できる問題ではなくなっている。CSWが集合住宅の管理組合、自治会、町会などと連携した相談会などを行っていくことで、課題の早期発見に取り組んでいきたい。

## 3 事例 その3
### 外国にルーツをもつ子どもへの地域における支援

## 1 事例の概略

### ■ 支援対象家族・親族の状況

A … 12歳、男、小学校に在籍（6年生）
B … 母、アジア料理店に勤務（Cとは別の店）
C … 父、アジア料理店に勤務（Bとは別の店）

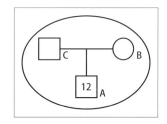

### ■ 居住環境

区内分譲マンション一室に居住。築年数は不明。徒歩5分程度の場所に小学校があるが、Aの学区は徒歩15分程度の別の小学校。徒歩圏内に商店街などがあり、買い物は便利。昔ながらの近所付き合いが残っている地域がある一方、高層マンションも増えており、新住民の流入によりつながりが希薄になっている地域も増えている。

### ■ 支援対象者家族のプロフィール

|   | A | B |
|---|---|---|
| 生活歴 | 東南アジアの国で生まれ育つ。両親とともに半年前に来日。 | 半年前に来日し、アジア料理店に勤務。 |
| 経済状況 | 学校で必要な物を購入する際は、現金をもらっている。 | アジア料理店での収入あり。分譲マンションの1室を所有。 |
| ADL・IADL | 夕食は自分で買ってきたものを温めて食べており、朝食は両親が用意している。買い物も自分でできるが、学校で必要なものを購入する際に、日本語の名称がわからず困ることがある。 | 自立 |
| 趣味・特技 | 絵を描くこと | 不明 |
| 希望・意思 | 両親の帰りが遅く、夜は毎日一人で過ごしているため、寂しい。日本語を覚えたい。 | Aに早く日本語を覚えてほしい。自分も日本語を覚えたい。 |

## 2 相談・対応経過

### 夏休みを1人で過ごす東南アジアの国から引っ越してきた小学生

　支援対象家族が居住するマンションの管理人Eより、半年前に東南アジアの国から引っ越してきた一家の小学6年生のAについて、CSWに相談がある。Aは日本語があまり話せず、学校がある日は担任教師が日本語の補習をしてくれているようだが、夏休みになり補習もないため、日本語を学ぶ機会がなくなっている。また、両親ともに日中は働いており、家にいると日本語にふれる機会が少ないため、Eが外に連れ出したり、宿題を見たりしているが、ほかに夏休み期間中にAの通える場所はないか、とのことであった。

【ソーシャルサポートネットワークの変化】

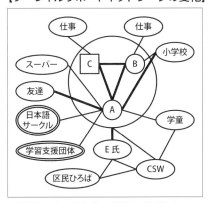

二重囲みは、介入後に増えたサポート

### 学習会への参加

　Eから相談を受け、夏休みに地域で行われている子どもの学習会をAに案内する。Aが興味を示したため、Eに参加同意書を渡し、Eから母親のBに説明をしてもらう。Bからも参加意向が確認できたため、Aが学習会へ参加することとなる。

　Eの同行で会場に来たAは勉強には真面目に取り組んでいたものの、日本語がうまく話せないことや、参加している他の児童とは学校が違うこともあり、初めは会話も少なく、緊張している様子であった。

学習会への参加を重ねるうちに、学習会で行っているレクリエーション中に笑顔が見られ、自然と他の児童ともコミュニケーションをとるようになり、Aにとって居心地のよい場所になっている様子であった。

### 日本語学習の支援
　Aの両親はともに日付が変わる頃にならないと帰宅せず、自宅に1人でいる時間が長く寂しいと言っていたため、夏休みの学習会が終了した後にCSWが自宅を訪問して、引き続きAに学習会を案内した。併せて、自宅から徒歩で通える場所に、ボランティアによる日本語習得をサポートするサークルがあったため、CSWが活動に参加して状況を確認したうえで、A家族に情報提供する。結果、両親は仕事の都合がつかずAのみの参加となるが、Bからも日本語を勉強したいとの希望が聞かれたため、区内で実施されている他の活動についても案内した。

### 子どもの成長に合わせた継続的な支援
　その後、Aは中学生になり、最初の定期テストの結果が悪かったため、勉強をみてくれる場所はないかとBからCSWに相談が入る。CSWより、中学生の勉強をみることができる地域の学習会や、一般の学習塾についてBに情報提供したところ、経済的な事情もあり、無料の学習会へ参加することになった。Aは、活動場所への行き帰りに不安があるため、EやCSWのサポートを受けながら、継続して1年以上通っており、最近は学校の成績も上がってきている。

## 3　事例の考察
### CSWの見立てと支援
　Aは、日本語ができないことにより、日本での生活になじむのに苦労しており、日本語習得や日本の文化などを理解へ支援が必要であると考えた。また、日本での生活の日が浅く、学校、学童以外で地域とのつながりが希薄であり、両親が仕事で忙しく、特に夕方以降は1人で自宅

にいることが多く、孤独を感じていた。

　両親は仕事が忙しく、Aの面倒を見ることができていない。日本語を習得したいと考えているが、仕事が忙しく暇がない状態であった。

　Aには、地域でボランティアが実施している学習会へ参加してもらうことで、まずはAとの信頼関係を形成していった。また、自宅から通える範囲で、小学生でも通える時間帯に実施している日本語サークルを紹介するなど、Aがより多くの人々とかかわれるように促した。また、本人の生活状況を把握しながら、日本語習得だけでなく、生活面で必要な支援がないかどうかを確認していった。

　両親には、Aの通える学習会などの情報提供などを行いつつ、仕事の合間に通える日本語サークルなどの情報を提供した。

### 今後の対応と課題

　中学校卒業後の進路について、Aの希望や両親の考えを確認して、Aが高校に進学する場合、経済面でのサポートが必要になると考えられるため、東京都で実施している受験生チャレンジ支援貸付制度などについて情報提供を行う。

　一番近くでサポートしているEが疲弊しないように、CSWはEの気持ちに寄り添い、負担を軽減できるように支援していく。

　区内には、生活課題を抱えている外国にルーツをもつ子どもや家族が多く居住している。同じ国籍同士のコミュニティのなかで助け合っている場合もあるが、今回のようにそこから漏れてしまう事例もある。CSWへの個別相談も増加してきており、多文化共生の視点からも地域住民とともに考え、支援していく体制の構築が必要となっている。

## 4 事例 その4
分譲マンションのごみ屋敷へのかかわりから、
地域住民の意識が「他人ごと」から「我が事」へ変化した事例

### 1 相談・対応経過

#### 住めなくなるほどのごみで埋もれた部屋

70代の女性Aから「トイレ扉が開かないので直したい」と相談が入り、CSWが訪問した。

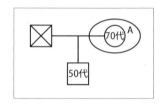

A宅は商店街と住宅街が交じり合う地域に建つ、築40年近い分譲マンションである。Aは結婚後、このマンションの部屋を購入して子育てを行った。子育て時代は近所との交流もあったが、子どもの成長につれマンション内の交流は希薄になっていった。また、夫の死後、A宅はだんだんごみが増え、とうとう人の住めない状況になってしまった。5～6年前から、この家にはほとんど帰らなくなり、漫画喫茶と長女のアパート（近隣区、長女宅も寝る場が確保できないほど物であふれている）などで寝泊まりしていた。長女はうつ病で寝こんでおり、Aと一緒にいることに負担を感じていた。Aは長女から「出て行け」と言われ自宅に戻ることになった。

室内は、居室からキッチン、トイレ、風呂場に至るまで物（ごみや生活用品）で埋まっている状態であった。Aが久々に家に戻ってきてトイレを使おうと思ったら、物で扉が開かない。トイレが使用できればこの部屋で暮らせると本人は話しているが、寝る場が確保できないほどごみがあふれており、衛生面や安全面が心配される状況だった。

#### マンション住民や管理会社の怒り

A宅は分譲マンション。マンション共有部分の改修工事をきっかけに理事会やマンション管理会社は、Aへ電話を入れたり訪問するが、全

く連絡がとれない状態が数年前から続いていた。夏場は玄関前にハエがたかり、異臭もするなど住民も迷惑を受けていた。このたびAの支援を行うため、**CSW**がマンション管理会社へ連絡を入れたことでAの消息が明らかになると、すぐに理事会役員やマンション管理会社がA宅に駆けつけた。

室内の状況を見て「長年連絡がとれなくて、とれたと思ったら家の中はごみだらけ。認知症か？ 火事を起こされても困るし、古くなった部屋で水漏れがあっても困る。こんな高齢者を1人で住まわせるわけにはいかない。どこか施設へ入れてほしい。ここを売って出て行ってほしい」と怒り出した。

**CSW**は、理事会役員や管理会社の話を丁寧に聴くことからはじめた。そして、住民や管理会社が不安に思っていることや困っていたことに対して、Aと一緒に改善していくことを約束。Aがこの家で再び生活をしたいと思っていることを理事会役員へ訴え、ごみを片づけることやマンションでの生活を立て直すため、**CSW**がかかわり続けることを伝える。また高齢者総合相談センター（地域包括支援センター）と協議し、部屋の片づけ等居住環境の整備は**CSW**が主に支援、その後の介護サービス利用等に関しては高齢者総合相談センターが支援するということになった。

### 民生委員児童委員のかかわり

**CSW**より、一人暮らしの高齢者を訪問するなど、日頃、当マンションに何度も訪問したことがある民生委員児童委員にかかわりを依頼。民生委員児童委員と**CSW**でマンションの理事会役員、管理会社、管理人と話をする。

民生委員児童委員より、「一人暮らしの高齢者はAだけではない。このマンションには何世帯もある。訪問しても会えない人やかかわりを拒否する人などいろいろである。民生委員児童委員も高齢者が孤立しないようにかかわっているので、何か心配なことがあればいつでも相談に乗

るし、CSWや関係機関につないでいく」と話があった。

　理事会役員や管理人はそのとき初めて民生委員児童委員と対面し、地域に当マンションの高齢者を見守ったり訪問してくれている人がいることを知った。これからは民生委員児童委員や管理人などがお互い声をかけ合い高齢者世帯を気にかけることになった。

### 清掃に協力してくれた人々

　本人宅の清掃費用の見積もりを民間の不用品整理業者へ依頼したところ、約100万円かかるという。年金暮らしの本人に出せる額ではない。高齢の本人1人で片づけられるごみの量ではないこと、娘からの支援も難しい状況のため、CSWと本人で部屋の中を片づけることにした。ごみの回収で清掃事務所の協力が得られないか区に相談し承諾をもらう。最終的に3回にわたり区の清掃車と軽トラックが出動した。

　ごみの片づけをはじめてから間もなく、マンション管理人よりごみ出しの協力をしたいと声がかかる。2時間程度の清掃で、ごみ袋30～40個、雑誌の束が50～60束出て、室内に保管しきれなかったため大変ありがたい申し出だった。ごみ出しルールの厳しいなか、管理人の協力できる範囲で共有部分にごみを保管し、ごみ収集の日に合わせて出してくれることになった。後に、マンションの理事会役員にも多少融通を利かせられないか交渉してくれ、さらにごみを多く保管できるようになり、居室清掃のペースを早めることができた。

### マンション住民から激励の声かけ

　マンション住民は、久しぶりに会ったAに対して「おかえりなさい。よく帰ってきたね」「頑張ってね」など激励の声や、「姿を見なくなって心配してた」という心配の声など、数人の方が温かい声をかけてくれるようになった。

### 理事会役員たちの変化

　かかわり当初、激怒していた理事会役員に気持ちの変化が現れはじめ、Aを自宅内に招き、マンションのルールの説明をしてくれる。「片づけが終わり社協の人の手を離れたら、自分たちがAをみていかなければならないと思っている。今のうちからわからないことは、何でも聞いてほしい」と本人への言葉かけがあった。

　管理人からもCSWに対して、「自分たちのマンションのことなので、本当は自分たちがやらなければならない。こんなにもかかわってもらって申し訳なく思っている。本当にありがとうございます」との発言があった。

　Aがマンションで生活を再スタートさせた段階で、改めて本人とCSWで理事会役員数名にあいさつにうかがう。どの役員も「いつでも協力するので、声をかけてほしい」など、問題発覚当初とはうって変わって、温かく受け入れてくれる雰囲気に変化していた。

### 他人ごとからわがことへ

　今回のA宅清掃をきっかけに、マンション住民や管理会社は、身近にそのような課題を抱えた方が住んでいることに気がつき、他人ごととしてではなく、同じマンションに住む仲間の問題として、主体的にかかわらなければいけないという意識が出はじめた。マンション住民や管理人とのやりとりのなかで、マンションに住む高齢者世帯を心配する声や、高齢者世帯の実態を把握できていないことへの不安の声が聞かれる。本ケースをきっかけに、高齢者世帯へかかわりを見直したいといった理事会役員からの話もあった。

　Aから見えてきたニーズは、マンション共通のニーズであり、「孤立」「住民間の希薄な関係」などの課題が見えてきた。そこで、Aも含めマンション住民を中心に、高齢者が集える居場所づくりができないか考えた。そのような取り組みを提案すると、理事会役員、管理会社から「ぜひやってみたい」と返答がある。マンション理事会で承認が出たため、

具体的な活動に向けて話し合いを進めることになった。

マンション理事役員、地域福祉サポーター、高齢者総合相談センター見守り支援事業担当を協力者として、**CSW**とともに話し合いを重ね、集いの場を設けることになる。マンションには集会室がなかったため、マンションの最寄りにある区民ひろばを借りることにした。その内容は、お茶とお菓子を食べながら、簡単な手作業や、座ってできる体操などを行うという案が出た。

第1回目は、住民の独居高齢者4名の参加があった。初めて顔を合わせる人、久しぶりに会話をする人などもいて、会は終始和やかに進行した。「同じマンションに住んでいるのに今まで話す機会が少なかったので、このような会はありがたい」、「久しぶりに子育て仲間だった人と話ができてよかった」など参加者の好評をいただき、毎月1回開催される運びとなった。

その後の住民の関係性の変化として、参加者同士の日常での行き来、病気など困ったときの声かけが見られるようになった。また参加者からの相談に**CSW**や高齢者総合相談センターがすぐに対応できたことで支援が円滑に導入できたなどの効果が現れた。

## 2 現状と今後の課題

3年が経過した現在、きっかけとなったAは昨年施設に入所し、マンションは空家となっている。他の参加者も認知症が進み、入院となるなど当初のメンバーが欠けてきている。

新たな参加者を募るため、毎月マンション内に会のチラシを掲示し参加を呼びかけているが、それに応えてこない高齢者は多数存在していると思われる。その人たちの孤立はいまだに課題として残ったままである。高齢化した集合住宅のさまざまなニーズには、集いの場だけでは対応できないのも現実である。それは理事会をはじめとした住民自身が解決していかなければならないことだが、今回の事例をきっかけに外部の専門機関、民生委員児童委員、**CSW**などの相談窓口を知ったことは住民に

【Aさんを取り巻くソーシャルサポートネットワーク】

とってプラスに働いていたと考える。マンションで起きる個々のトラブルをわがこととしてとらえ、解決する術を身につけた住民組織は今後もその強みを発揮していくと期待したい。

## 5 事例 その5
### 「支え手」と「受け手」に分かれない"おたがいさま"の地域活動への展開（きんぎょサロン）

　「きんぎょサロン」は、Aさん、Bさん、Cさんという3人の高齢者とのかかわりのなかで、地域になじみの場所が必要であるという共通の課題から、サロンの立ち上げに至ったものである。「きんぎょサロン」の名前の由来は対象地域の区民ひろばの愛称からいただき、親しまれている。

### それぞれの困りごと

　この地域は古くからある住宅街で、一戸建てが多く、住宅が密集している。住民は高齢化傾向にあり、マンションが増えて人間関係が希薄化してはいるものの、昔ながらのつながりも残り、地域行事も盛んである。

　ある日、CSWに「部屋の中がいわゆるごみ屋敷状態になっている人がいる」という相談が入り、Aさん宅を訪問した。2階の室内は荷物であふれ、猛暑で日中は40℃近くなるがクーラーはない。いくらか涼しい1階の玄関にちょこんと腰かけて過ごしているAさんを見て、CSWはせめて快適に過ごせる場所を探したいと考えた。区民ひろばを紹介し、行ってみたものの、この時点では関心を示さなかった。

　Bさんは区民ひろばの常連で、多くの事業に参加していた。軽度の認知症状があり、毎日区民ひろばに通うことで日常生活を保っていた。CSWは、これまで何度か役所関係の書類などについての相談を受けており、顔見知りであった。ある日、Bさんは階段から転落し、外出することが困難になったが、少しずつ回復し、何とか区民ひろばに通いはじめたところであった。

　Cさんは、世話好きで明るい性格の方であった。しかし、親しい友人が亡くなったことや難聴もあり、精神的に不安定な状態になり、しきりに「死んでしまいたい」などと自分自身を責めるような発言をするよう

になった。CSWは、区民ひろばの依頼で訪問したり、家族に福祉サービスを紹介するなどのかかわりをもっていた。

## ひろばでできることはいくらでも協力しますよ

　その頃、区民ひろばはリニューアルオープンのため、約1か月閉所されることとなっていた。CSWはそれぞれ個別の相談を受けながら、その間のAさん、Bさん、Cさんの居場所が必要ではないかと考えた。区民ひろばの所長に相談したところ、同じくBさん、Cさんの状況に胸を痛めており、「ひろばでできることはいくらでも協力しますよ」と言ってくれた。

　そこで、区民ひろばとCSWの共催で、急遽集まれる場をつくることとなった。区民ひろばになじみのないAさんだが、若い頃に衣類のミシン縫製をしていたという思い出話を聞き、みんなで集まって針仕事をすることにした。

　「区民ひろばのオープニングセレモニーでCSWの紹介チラシを配ることになった。それだけでは寂しいので、手づくり小物を一緒に渡してPRしたい。ぜひ皆さんに小物づくりを手伝ってほしい」と話をすると、喜んで協力してくれた。3人のほかに一人暮らしの2名の方を加え、主にコースターや髪飾りなどをつくる「手仕事の会」は、こうしてはじまった。頻度は週2回（全7回）、区民ひろば開所後のオープニングセレモニーまでの間は不定期に実施した。「この布で何をつくろうか」「素敵なコースターね」などの会話で和やかな時間が流れ、次第にほかのメンバーと打ちとけてきたAさんに、笑顔が見られるようになった。

　区民ひろばの職員は、日にちを忘れてしまう方に電話をかけ、また参加者の来所を温かく迎え入れてくれた。CSWは、Aさんが区民ひろばまでの道を覚えるまで付き添いつつ、いろんな想いを聴き、寄り添った。Bさんが体調不良で来られないときは訪問して相談にのった。

　このような活動のなかでAさんは、イベントなどの誘いに応じて1人で区民ひろばに来るようになり、区民ひろばは次第にAさんのな

じみの場所となっていった。

## 作品を売って子どもたちに役立てたい

　区民ひろばオープニングセレモニー後、活動は一区切りした。しかし、参加者から「せっかくだから続けてやりたい」「つくった作品を売って子どもたちに役立てたい」という声があがった。そこで、参加者皆で話し合い、フリーマーケット等で作品を販売し、収益を子どもの支援活動に寄付することにした。会の名前は、この区民ひろばが「きんぎょ」という愛称で呼ばれていたことから「きんぎょサロン」とした。

　活動は毎週水曜日の14〜16時。活動内容は販売のための小物づくりと、社協ボランティアセンターから預かり行う切手整理などとした。

## ゆるやかにつながって

　きんぎょサロンは「誰もが通える区民ひろば」の一つの足場、「地域の新しいしくみ」となっている。区民ひろばが場所の提供とつなぎを行い、CSWが寄り添い支援することで、例えば、転居したばかりでなじみの場所がなかった方が、きんぎょサロンへの参加をきっかけに区民ひろばの各種事業に通うようになったというように。

　きんぎょサロンでつくる作品の材料は、ほとんどが寄付で賄われている。区民がひろばの呼びかけや口コミで、使わなくなった布や毛糸、ボタンなどを寄付してくれるからである。また、参加者の友人知人や区民から手づくり小物や「子ども食堂へ」との現金の寄付もある。そういっ

た意味で、きんぎょサロンは区民の社会貢献の場にもなっている。

　フリーマーケットの収益金を寄付したご縁から、NPOときんぎょサロン共催で、区民ひろばにて地域の子どもたちを招いた世代交流「出張子ども食堂」や「お正月だよ！きんぎょサロンに全員集合」を開催している。きんぎょサロンの参加者は、地域の子どもたちに昔遊びを教えるなどして交流している。昔遊びでお手玉を教えて、家に持ち帰ってもらおうと、子どもたちへのプレゼント用に100個のお手玉をつくり上げたこともある。次々とできあがっていく渋い和柄や今風の柄のお手玉を見ながら、「子どもたちのため」という想いが活動を支えているのだと改めて感じた。

　このイベントでは、中途で視覚障害になり、自宅にこもりがちな男性が特技を活かし、「おりがみおじさん」コーナーを担当してくれている。事前に、自分で折れない小さい子どもたち用のカエルをたくさん用意してくれた。「折り紙のカエルにシールで目を貼り付けて、嬉しそうに見せに来てくれた子どもがいたが、その笑顔が見えないのが本当に残念だった」。そう言いながら、来年の参加を楽しみにしてくれている。

　ほかにも、「くらし・しごと相談支援センター」では就労準備支援中の生きづらさを抱えた若者が、きんぎょサロンの作品を販売することで自信をつけ、一般就労へ弾みがついたという例もある。

### 社協のサポーターも

　きんぎょサロンには「地域福祉サポーター」が多く参加しているという特徴もある。サポーターの交流会で話題になったきんぎょサロンの活動に共感し、参加しはじめたサポーター、出張子ども食堂のお手伝いを依頼したことをきっかけに地域福祉サポーターに登録し、きんぎょサロンにも参加する方も出てきた。

　毎週顔を合わせることで、関係性は深まる。あるサポーターは、認知症の進行により曜日を間違えるようになったBさんに対しきんぎょサロンへの送り迎えや、買い物帰りにちょっと訪ねて声かけをするなど、

日常の見守りをしてくれている。またサポーターから、自分たちが寄付している「子ども食堂」とはどんなところか見てみたいという声があがり、子ども食堂を見学したことで、より活動の意義を実感することもできた。

### おたがいさまの地域活動

　支える、支えられるという一方通行ではなく、「おたがいさまを基盤とした地域活動」という考え方が、きんぎょサロンの根っこにある。CSWがネットワークを活かしてさまざまな関係機関や人とつながりをつくることで、きんぎょサロンの活動は広がっている。そして、温かい場を提供してくれる区民ひろばとの共催だからこそ、地域共生の集いの場、足場になることができている。

　現在のきんぎょサロンのメニューは、針仕事と切手整理である。今後さまざまな参加者のやりがいや居場所になるように、作業メニューを多様化する必要を感じる。それとともに、例えばひきこもりがちな方が来られる場、外国人との交流の場など今後必要に応じて活動を展開していければと考えている。

### 連携している社会資源

区民ひろば上池袋（共催）、区民ひろば上池袋運営協議会、民生委員児童委員、地域福祉サポーター、NPO法人豊島子どもWAKUWAKUネットワーク、豊島区くらし・しごと相談支援センター、三寿会（高齢者クラブ）、上池会（日本舞踊の会）、豊島ボランティアセンター（切手整理）、中央高齢者総合相談センター、メロス言語学院（日本語学校）、おりがみおじさん、地域住民（寄付）

## 6 事例 その6
### 社会的孤立を防ぎ、つながりをつくるための町会による見守り活動（池袋本町一丁目町会地域見守り検討会）

### 【活動の概略】

- **活動名称** 池袋本町一丁目町会地域見守り検討会
- **目的** 社会的孤立を防ぎ、子どもから高齢者までの誰もが安心安全に暮らせる町会を目指す
- **活動内容** 池袋本町一丁目町会地域見守り検討会議、見守り対象者との交流会「きずなサロン」の実施
- **活動日、頻度など** 偶数月第3土曜日に実施
- **活動場所** 池袋本町第二区民集会室
- **対象者、参加条件など** 日中独居の高齢者
- **連携している社会資源** 高齢者福祉課、いけよんの郷高齢者総合相談センター、豊島区民社会福祉協議会

### 町会長の想い

　町会長から、社会福祉協議会事務局長に、「町会内において、日常生活のなかで行っている見守りや支え合い活動を地域の安心安全のためによりよいものに発展させたいと考え、町会組織に福祉教育部長を配置した。それを有効に機能させるために、支援をしてほしい」と申し出があった。近年、社会問題となっている孤立死を防ぐための、町会内の見守りのしくみづくりを目標としていた。

　2012年度より、CSW事業の圏域拡大として、この地域にCSW 2名を配置していたこともあり、CSWが町会内福祉教育部長を中心とした地域のネットワーク化、「支え合い」のしくみづくりのための「協働へのプロセス」について助言と支援を行うこととなった。

　子どもから高齢者までの誰もが安心安全に暮らせる町会を実現するために、しくみづくりの実行委員として、新しく町会内に福祉教育部長が

設置された。そして、町会長の招集により、民生委員児童委員、青少年育成委員、高齢者クラブ関係者、元民生委員児童委員といった各分野の地域の担い手が構成メンバーとなり、2012年7月に「池袋本町一丁目町会地域見守り検討会」が発足した。

## 見守り活動の実施

実行委員会のなかで意見交換を行い、地域の状況を知るために、町会内の実態確認を実施した。その実態調査に基づき、見守り対象者名簿を作成した。名簿という個人情報を扱う以上、慎重に取り扱わなければならないため、**CSW**からの提案で、実行委員内で個人情報に関する学習会を実施し、情報共有にあたってのルールを確認した。

また、見守り活動の理解を深めるため、和光市社会福祉協議会へ視察に赴き「地域支えあいマップ」について学ぶなど、見守りのための勉強会を実施した。そして、見守り対象者名簿を発展させ、町内見取り図をもとに、見守り支援マップを作成。AEDや病院等の地域情報と、見守り対象者や実行委員の見守り担当地域などを可視化する試み（マップを掲載）を行った。

## きずなサロンの立ち上げ

見守り検討会の定例化に伴い、見守りのあり方について議論があがった。月1回の自宅訪問の見守りでは、関係が築きにくいという現状があった。議論のなかで、見守り対象者と見守る側が楽しい時間を共有し、より

よい関係を築けるような、地域に集いの場をつくろうという意見があがり、2013年4月より、「きずなサロン」を偶数月に開催することとなった。広報や開催内容の検討では、芸能ボランティア等を地域のなかから発掘し、出演を依頼することで、地域の担い手を増やしていくことを重視した。

その後も、定期的に見守り検討会で情報交換を行い、見守り対象者名簿の更新を行っている。サロン実施前には検討会メンバーが担当の対象者宅を訪問し、サロンのお知らせを配布するとともに、見守り活動を行っており、サロン参加時に介助が必要な方へのサポートも行っている。

## 現在の取り組み状況

現在の見守り検討会では、対象者に関する情報共有、きずなサロンの運営について検討を行っている。また、年一回見守り対象者名簿の更新を実施している。

各メンバーは、自分にできる地域福祉活動に熱意をもって取り組んでいる。この地域では、町会の加入にかかわらず全世帯を会員と認識し、町会活動を展開したいと考えている

CSWはオブザーバーとして、地域見守り検討会の事前打ち合わせの対応と、地域の状況を伝える資料や会議の運営が円滑にできるよう支援を行っている。

## 今後の展開と課題

支援者同士が横のつながりをもち、情報の共有化を行うことが、よりよい地域福祉活動が展開していくために必要となるが、町会に加入していない、近隣と関わりがないなど、孤立状態にあることを周囲が気づけない人々もいる。そういった人々をどのように発見し、支援につなげることができるかが、大きな課題となっている。変わっていく地域状況にどう対応していくか。地域の絆を深め、地域のみんなが笑顔になるために、住民主体として活動を継続する方法を模索している。

## 7 事例 その7
### 自宅を活用したサロン活動（サロンさんぽ道）

### 【活動の概略】

- **活動名称**　サロンさんぽ道
- **目的**　慣れ親しんだ地域のなかで生涯いきいきと暮らしていくためには、人とのつながりや達成感を得られる取り組みなどが必要である。近所の方が集まる、人と人とのつながりが生まれる、得意なことを活かす、困りごとを解決する、さまざまな刺激を受け認知症予防となる等の機能をもった場となることを期待する。
- **活動内容**　自宅を開放した、出入り自由のサロン活動。コーヒーやお茶を飲みながら話したり、書道や紙芝居、音楽演奏などのボランティアを呼び、参加者皆で楽しんだり、思い思いに過ごす場となっている。
- **活動日、頻度など**　毎週金曜日10時から15時
- **活動場所**　Aさん宅の1階
- **対象者、参加条件など**　どなたでも参加可
- **連携している社会資源**　町会、民生委員児童委員、いけぶくろ茜の里、ボランティア（紙芝居、習字、尺八、ヴァイオリン、外国人支援団体）、社会福祉協議会（CSW、地区担当職員）

### 思いの発信、受け止め

　2016年2月の区民ミーティングにて、区内在住のAさんより「自宅の1階を使って地域のために何かできないか」と考えていると発信があった。また、ほかの参加者からは、「集まれる場所が少ない」「人と人とのつながりが薄れてきている」「集まる場があっても、きっかけがなければ行ってみようという気持ちにならない」などの地域課題があがった。

　この地域は、昔ながらの家や商店街が残る一方で、空き家や集合住宅も少しずつ増加しており、スーパーや区民ひろばなども近くにない。高

齢化率は約22％と、区内平均と比べると高くなっている。

　区民ミーティングでの話を受けて、CSWはさっそくAさんのお宅を訪問して、Aさんの想いや目指す姿を聴き、「誰もが気軽に集まれる場になるとよい」「それぞれがそれぞれの楽しみをもって自由に過ごす場になるとよい」「他団体はどのような運営体制になっているのか知りたい」「認知症の方や独居の方は、食事がおろそかになることが多い」など、活動のイメージや課題を共有した。

### 地域課題を探る、協力者を募る

　2016年3月には、地域の方にとってより有意義な場所になるように、地域をよく知る周辺の町会関係者や民生委員児童委員などにCSWから声をかけ、みんなでAさん宅に集まった。

　これまでの経緯や趣旨を説明すると、参加者からは「家の中で、一日中1人で過ごす高齢者が多い」「用事がなくても行けるような場所になるとよい」「近くのお店がなくなり、買い物難民のような状態」「何かをはじめようと思っても、金銭面の課題がある」などの声が聞かれ、地域の現状や課題を共有することができた。

　活動のイメージがより具体的になっただけでなく、参加者がAさんの想いに共感する場となった。サロン立ち上げ後も、地域情報の提供やサロン参加者のつなぎなどの協力を得られている。

### 計画を立て、準備を進める

　Aさんのボランティア仲間が集まり、サロンさんぽ道の運営を担うことになった。

　2016年4月に、運営協力者を交えた打ち合わせを行い、活動の代表者や名称、予算や参加費、開催頻度や開催日程、問い合わせ先、広報周知の方法などについて検討を進めた。同年5月からは、開設に向けた具体的な準備を進めた。いすやテーブルが足りないという課題があったが、リサイクルセンターの活用や協力者からの寄付などを受けることができ

ため、あまり費用をかけずに必要物品を揃えることができた。

運営資金については、社会福祉協議会が行っているサロン助成を活用した。広報は、検討段階で連携した民生委員児童委員や町会の方が口コミで広めてくれたほか、CSWが中心となりチラシや看板を製作し、区民ひろば等で周知する等の協力を行った。

こうして、Aさんの想いが地域の人々の共感を得ることで、協力の輪が広がり、「サロンさんぽ道」が開設されたのである。

### サロン活動がはじまってから

サロンには、今まで地域とのつながりの少なかった方々が参加し、新たな交流が生まれている。ボランティアとして参加している地域住民が、それぞれ得意なことを活かす場にもなっている。

また、精神疾患のある方が参加することもあった。サロンに毎回差し入れを持って参加することが生きがいとなり、もっと誰かの役に立ちたいという意欲を取り戻し、その後就労につながった。

活動がはじまって2年が経つと、活動の課題も出てきている。参加者の固定化や男性参加者の少なさ、一人暮らしの方や日中独居の方など、参加してほしい方へどのように情報を届けるか、来てもらうための工夫が必要となっている。

### 今後の展開とCSWとしてのかかわり

サロンさんぽ道ならではの特色として、みんなが役割をもち「参加」できるような活動にしたいというAさんの想いがあるため、午前中から参加してもらい、みんなで買い物や食事づくり、片づけまでできるような取り組みがしたい。CSWも、運営方法（費用や協力者の体制など）や保健所への届出など、新たな展開に向けてともに考えていく。

また、参加者のなかには、これから制度・サービスにつなぐ必要のある方や、急な生活環境の変化により支援が必要な方がいる。そういった方とつながりをもつため、CSWは定期的にサロンに参加し、ゆるやかに見守りながら関係づくりを行っている。

## 8 事例 その8
### 特別養護老人ホームの地域交流スペースでの世代間交流の場（「せんかわ」ふるさとひろば）

### 【活動の概略】

- **活動名称** 「せんかわ」ふるさとひろば
- **目的** 高齢者と子育て中の親子が一緒に過ごせる世代間交流を目的としたサロン活動
- **活動内容** ちっちゃな子どもたちが遊べる「木育おもちゃひろば」、生活のちょっとした知恵を情報交換し合える「文殊の知恵袋」、助産師さんによる「子どもの身体測定」、高齢者とママさんが一緒に作業する「工作コーナー」、授乳スペース、喫茶スペース、相談コーナーなどを実施。
- **活動日、頻度など** 毎月最終月曜日 10時30分〜12時
- **活動場所** 千川の杜 地域交流スペース
- **対象者、参加条件など** 高齢者、子育て中の親子、地域の方
- **連携している社会資源** 特別養護老人ホーム千川の杜、西部子ども家庭支援センター、せんかわみんなの家保育園、長崎第二地区民生委員児童委員、地域福祉サポーター、地域住民、CSW
- **小地域の状況、特性など** 一軒家が多く閑静な住宅街。2階建て位のアパートはあるが、高いマンションがあまりない。小学校と高校、小さい公園がある。近隣には図書館、地域文化創造館、区民ひろばもある。

### はじまりは一人の女性の想いから

『「せんかわ」ふるさとひろば』は、一人の女性の想いからはじまった。

その女性は、子育てサロンや西部子ども家庭支援センター等での乳幼児向けの読み聞かせ等の子育て支援と、「らくゆうサロン千川の杜」という高齢者サロン等の高齢者支援などに携わっている。両方の活動に携わっていくなかで、自分たちが住んでいる地域に、高齢の方々と子育て中の親子が一緒に過ごせて交流できる場所があったらよいと想いをめぐ

らせるようになった。

　その背景には、地域では核家族化が進み、子育て中の家庭はすぐそばに頼れる家族がいなくて、困ったときに助けてもらえにくい環境が多く存在する。住みはじめたところで頼れる人もなく、地域で孤立してしまうこともある。不慣れな育児で思い悩むママもいる。また、一人暮らしの高齢者が増加していく傾向があるなかで、高齢になるにつれて外出する機会も減っていく人がいたりする。限られた人としか会わず、交流も減っていく人もいる。

　子どもにはそこにいるだけで周りの人たちを笑顔にするパワーがあり、高齢者も同じ空間にいるだけでも元気になれるし、高齢者は長年生きてきて培ってきた人生の知恵や経験をもっており、育児や生活で悩む若い世帯が人生の先輩から学べる機会があったらよいと考えていた。

　CSWは、女性から地域への想いを聴き、活動への取り組みについて相談を受けていたが、取り組みはじめるためには、協力者や活動場所をどうするかなど、さまざまな課題があった。

## さまざまな地域への想いや課題が浮き彫りに

　2015年4月より、「特別養護老人ホーム千川の杜」(以下、「千川の杜」)が運営を開始した。千川の杜には、地域交流スペースという多目的スペースがある。千川の杜では、施設の地域貢献事業として高齢者の見守り事業や認知症カフェ等の実施を模索していた。そのようなとき、地域福祉サポーターと協働して「らくゆうサロン千川の杜」という高齢者サロン・認知症カフェを、2016年4月から開始する運びとなった。

　CSWはサロンの立ち上げと運営支援に携わるなかで、千川の杜が「地域交流スペースを、地域における社会的弱者への救済に関する活動などに活用してもらいたい」という想いをもっていることを知る。また施設では、地域から求められているものや、地域の課題などにどのようなものがあるかを知る機会がないことも把握する。

　らくゆうサロン千川の杜を運営する地域福祉サポーター等に、高齢者

総合相談センターより「ここは単身の高齢男性が比較的多く住んでいる傾向のある地域であるため、男性の居場所づくりをしてほしい」と、「男性の居場所づくり」の活動依頼があった。

しかし、相談を受けた地域福祉サポーター等は、ほかにもさまざまな活動を行っていて、新たな活動をする余力がなかった。そのため、男性の居場所づくりへの担い手になれる地域の人材も周りに見つからない状況といった課題が残った。

### 地域貢献検討会議の発足

以前よりCSWは、住民や民生委員児童委員等のインフォーマルな社会資源と、高齢者総合相談センターや施設などの福祉専門職のフォーマルな社会資源が、顔の見える関係づくりと地域の課題や生活課題等について検討できる場が地域には必要であると考えていた。

地域包括支援センターが主催する地区懇談会等の福祉専門職が集まる会議体はあるが、地域住民が参加する会議体は少ない。地域とは各福祉分野を越えた包括的なものである。さまざまな垣根を越えて地域全体について話し合う場がないと感じていた。

そこで、2016年11月に、地域住民や民生委員児童委員、地域福祉サポーター、地域包括支援センター、千川の杜、CSW等、地域にかかわる多種多様な人たちで地域について話し合う「地域貢献検討会議」という会議体を発足する。

この会議は、参加者がさまざまな生活課題や地域課題を提起し共有して、課題解決に向けたしくみづくりや勉強会などについて検討することを目的にしている。地域に関する情報交換の場、出会いの場でもある。

この地域に住む住民や民生委員児童委員などからは、住んでいるからこそ感じられたり、見えてくる地域の些細なことや、地域への想いについて気軽に意見を出せるように、また福祉専門職からはさまざまな相談対応から見えてくる課題を地域へ課題提起できる場にしている。

会議体を立ち上げた当初は、千川の杜の地域交流スペースを活用し

た地域の居場所づくりについて意見を出し合うことになった。そこでCSWは、相談を受けていた女性に、この地域貢献検討会議で「高齢の方々と子育て中の親子が一緒に過ごせて交流できる場づくり」のことを提案してもらうように勧めた。

　最初の会議では、高齢者と子育て中の親子の世代間交流のサロン以外にも、男性が集まりやすい男のサロン、高齢者への情報発信「地域のかわら版」、高齢者のちょっとした困りごと（電球交換、雪かき等）を支援するしくみづくり、ボランティアの発掘支援など、多くの意見が参加者から出された。このなかから、世代間交流のサロンづくりのプロジェクトチームを立ち上げることになった。なお、他のプロジェクトとして、ボランティア発掘支援と男性の居場所づくりに向けて「男性のためのボランティアスタート講座」や「男性ボランティア交流会」、地域のかわら版の作成などにも取り組んでいる。

## まちのえんがわを目指して

　プロジェクトチームは、地元の住民、民生委員児童委員、地域福祉サポーター、せんかわみんなの家保育園、千川の杜、西部子ども家庭支援センター、CSWをメンバーにして、2017年2～3月の間、話し合いを行った。

　話し合いでは、「近年の子育ての家庭は共働きが増えていて、家は寝に帰る場所としての機能が重視されているので、近隣地域に対しては、興味をもつことが少ない。ただ、妊娠し、家に1人でいる時間が増えたり、

妊婦という状況に1人で不安を抱えるようになって、地域のサービスや活動等を調べるようになる。しかし、その状況になってからでは、近所の助けもなく、声をかけてくれる人もいないと、家にひきこもってしまう場合がある。そういう方に声をかけることができて、一歩外に出るきっかけになるような活動が地域にあるとよいと思う」と、最近の子育て世帯の状況の話があった。

地元の住民からは「昔、この地域では、すごく下町のような雰囲気があった。道路で遊んでいる子どもたちがいると、警察に連絡してくれる大人がいて、道路を閉鎖して安全に遊ばせてくれたりしていた。近所の人がバスを出してくれて、海に連れて行ってくれたりと、子どもだけで遊んでいても、誰かが見てくれているような安心感があった」と、地域の大人たちが地域の子どもたちを支えていたエピソードも話された。

子育て中のお母さんたちに来てもらうためには、食事や身体測定などがあると来てもらいやすい、高齢の方とお母さんや子どもたちが交流できるきっかけをどうしたらできるだろうか、悩んでいることや困っていることがあったときに気軽に相談できるような工夫などがあるとよいなど、活動に向けていろいろなアイデアや意見が多く出された。

2017年4月から、「せんかわ」ふるさとひろばという名称で、高齢者と子育て中の親子が一緒にくつろげる地域の縁側を目指す、世代間交流のサロンが立ち上がった。

サロンにはさまざまなコーナーがある。小さな子どもたちが遊べる「木育おもちゃひろば」、生活のちょっとした知恵を情報交換し合える「文殊の知恵袋」、助産師さんによる「子どもの身体測定」、高齢者とママさんが一緒に作業する「工作コーナー」などである。そのほかに、授乳スペースや喫茶スペース、相談コーナーも設けている。

スタッフは、地域のボランティア、民生委員児童委員、地域福祉サポーター、せんかわみんなの家保育園、西部子ども家庭支援センター、千川の杜、**CSW**など、地域の人たちと福祉職が協力し合って取り組んでいる。

ここで出会ったことがきっかけに、まちで歩いているときなどすれ違うときに「おはようございます」「こんにちは」とあいさつを交わしたりできる間柄になってもらえると嬉しいと思いながら、ボランティア活動を続けている。

## 9 事例 その9
### お寺における地域活動（新大塚みんなの広場）

### 【活動の概略】

- **名称** 新大塚みんなの広場
- **目的** 「子どもは社会の宝」という理念のもと、放課後の子どもが安心して集える場所をつくる
- **活動内容** 子どもたちがやりたいことを選んで過ごせる場所の提供、イベントの開催など
- **開催頻度** 月2回程度、友引の前日に開催
- **活動場所** 寺
- **対象** 主に近隣の小学生
- **連携している社会資源** 町会、寺、住民、居宅介護支援事業所、就労移行支援事業所、民生委員児童委員、青少年育成委員、小学校、PTA、地域福祉サポーター、としまボランティアセンター、文京区社会福祉協議会
- **小地域の状況、特性など** 大塚はかつて花街といわれた歴史ある街。天祖神社があり、古くからお祭りが盛んである。近年できた駅ナカ大型商業施設や商店街、スーパー、コンビニ、郵便局、銀行が徒歩圏内にあり便利。都電沿線協議会（大塚バラの会）や大塚発展の一翼を担う複数の商店街が結束した広報組織（南大塚ネットワーク）などさまざまな活動団体がある。

### きっかけは地域貢献活動

2017年9月頃、ある寺の僧侶より地域貢献活動をしたいと相談が入った。他区にある同じ宗派の寺で、子ども食堂や学習支援を開催しており、そういった活動を何かできればと考えているが、具体的なイメージはあまりない状況であった。また大正10年より創設し、100周年を迎える寺であるが、地域とのかかわりがないことがわかった。

その後、具体的イメージをもってもらえるよう、無料で学習支援活動を行っている子ども学習支援ネットワーク（とこネット）に誘う。区内の学習支援団体と活動内容など、情報共有・意見交換を行った。

### 区民ミーティングの開催
　活動を行ううえで、地域住民の協力や理解が必要と考え、まず地域とのつながりをつくることを提案して、2017年度第2回区民ミーティングに参加してもらう。そして、地域の人にその寺を知ってもらうために、その次の第3回区民ミーティングを、お寺の会館を会場として実施した。
　「地域の誰もが集まれるコミュニティの場をつくろう」というテーマのもと話し合いが行われ、「放課後子どもが集まれる居場所づくりをしたい」という意見が多数出たため、アンケートで協力者を求めた。
　区民ミーティング以外にも、その寺の地域デビューのお手伝いとして、CSW主催の茶話会の講師を依頼。地域の人にその寺を知ってもらう機会をつくった。

### 地域の協力者
　この活動に賛同してくれた協力者を集め、第一回居場所づくりの打ち合わせを開催。町会長を実行委員長とし、実行委員（8名）で委員会の立ち上げを行った。
　打ち合わせにて、①代表者・名称　②参加対象　③開催頻度・開催時間　④問い合わせ先　⑤広報　⑥サロン助成などについて検討。活動をはじめる時期など、数回にわたり話し合いを行った。
　具体的な内容も固まり、オープニングの日時も決まったところで、近隣小学校の校長先生に実行委員長、僧侶、CSWで挨拶にうかがう。居場所づくりの趣旨説明等を行い、校長より「全面協力します」と理解いただく。学校の協力を得て、オープニングイベントのチラシを全校児童へ配布してもらった。

## 「やってみよう」の精神

　話し合いを重ねていくなか、開催時期をいつに設定するかなど決められずにいたが、実行委員からの「とりあえずはじめてみよう。もし失敗したとしても、やりながら改善していこう」との言葉に実行委員全員が賛同し、2018年4月20日に、「新大塚みんなの広場」がオープンした。オープニングイベントとして、たこやきパーティーを開催した。子どもが30名、スタッフも含め70名以上の参加があった。住民をはじめ、PTA会長、青少年育成委員、民生委員児童委員、地域の介護や障害者の事業所、地域福祉サポーターなどたくさんの協力を得ることができ、お寺だけでなく、「子どもの居場所づくり」への広がりを感じることができた。

## 今とこれから

　現在は、月1～2回程度の開催で、平均して20名前後の参加者あり、地域に定着してきている。また参加している子どもが友達を連れてくるなど、広がりを見せている。他区の学校に通っており、近隣に友達がいない子の参加も見られ、また親同士の交流の場にもなっている。

　運営面に関しては、実行委員のみで定例会を行うなど、地域住民の主体的な活動にシフトしてきている。今後は、継続した体制づくりのため、実行委員やボランティアなど、地域の協力者を増やしていく必要性を感じている。なお、隣接している文京区社会福祉協議会にも、ボランティア募集などで協力をいただいている。

　活動を継続していくことで、地域の大人たちと顔の見える関係性を築き、子どもたち自身も地域づくりの担い手として、今後の地域福祉活動につながっていくことを期待している。

# 第3節 区全域における取り組み

## 1 区民ミーティング

### 1 地域福祉活動計画策定に向けて

　2012～2016年度を計画期間とした「豊島区地域福祉活動計画」の策定にあたり、2011年度に区内8か所で「地区懇談会」を実施した。地区懇談会では、SWOT分析の手法を用いて、地域の強みや弱みなどを地域住民が話し合い、地域生活課題や地域の未来について意見を出し合った。

　各地区懇談会で出された意見や課題は地域福祉活動計画に反映したが、そのなかには「地区懇談会のように地域で話し合いをする場が必要だ」という意見もあり、計画に「区民ミーティング」という形で記載され、以降継続的に実施されるようになった。当初はCSWの圏域割りと同じ8圏域にて、各地区年2回の実施であったが、現在は年4回ずつ実施している。

### 2 社協職員地区担当制による実施体制

　豊島区民社会福祉協議会では、各圏域に事務局長、課長を除く社協職員全員を地区担当職員として配置しており、当然CSWもそのなかに含まれている。地区担当職員は、主に区民ミーティングの運営と推進を担っているが、そのほかにも地域の行事や活動などにも参加、協力している。

　日常の担当業務では地域との接点が比較的少ないCSW以外の社協職員にとっては、区民ミーティングは地域住民と接し、地域の実情を知る貴重な機会となっている。

図表 3-5　豊島区民社会福祉協議会地区担当職員

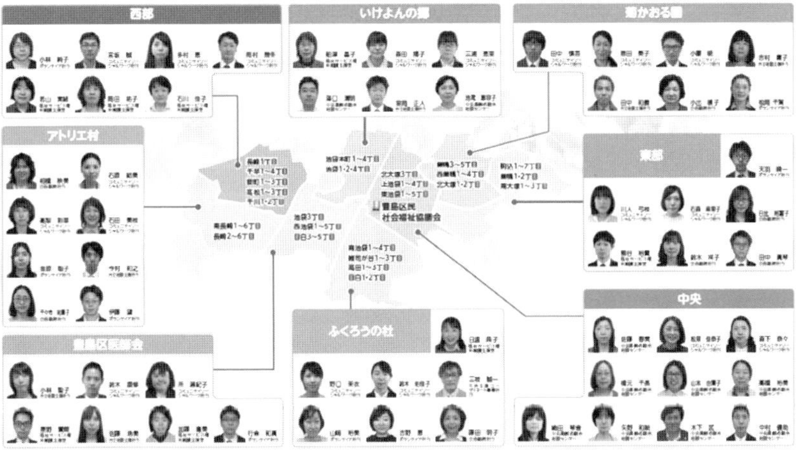

トモニーつうしん第 26 号（2018 年 6 月 1 日発行）

## 3　現在の取り組み

　区民ミーティングは、地域住民が地域について知り、つながり、生活課題や地域課題を共有するなかで、それぞれの地域で課題解決等に向けた話し合いを行うことを目的としている。なお、地域福祉活動計画改定時には、改めて地域の強みや課題などを話し合う場を設けている。

　各圏域の地域性によって課題もそれぞれ違うため、一律に同じことをやっているわけではない。参加者の属性や年齢層などもさまざまである。また、話し合いを行うだけではなく、区民ミーティングからプロジェクトが立ち上がり、地域活動に発展している事例も出てきている。そのなかから、豊島区医師会地域包括支援センター圏域の取り組みを紹介する。

### 池袋の歴史を未来へ

　豊島区医師会地域包括支援センター圏域の区民ミーティングにおいて、参加者から「地域を知らない人が増えている。まちの歴史を知ってもらって、このまちをより身近に感じてもらいたい」「このまちにいてよかった、豊島区に住んでよかったと思ってもらいたい」「地域に関心

をもってもらいたい」という意見が出され、池袋西口の歴史を載せたマップを作成することになった。作成を進めるために、区民ミーティング参加者による「歴史MAP委員会」が発足した。

　作成は、池袋のまち歩きからはじまり、地図に何を載せるべきかメンバーで話し合いを重ねた。作成が進み、マップのデザインをどうするか悩んでいた頃、地元町会のお祭りで、グラフィックデザインの仕事をしている町会員との出会いがあった。CSW の活動やマップ作成について話をすると、ボランティアでマップのデザインを引き受けてくれることになった。

　こうして、2016 年 10 月に「池袋歴史おさんぽマップ」が完成した。マップには、国の指定文化財になっている自由学園明日館、立教大学、旧江戸川乱歩邸などが掲載されている。

　完成したマップは、観光協会や区民ひろば、町会などを通じて地域へ配布されたが、「子どもたちにも池袋の歴史を知ってもらいたい」というメンバーの声から、地元小学校の協力のもと、3、4 年生向けにイベ

**図表 3-6　池袋歴史おさんぽマップ**

ントを開催した。イベントでは、メンバーが話し手となり、地図に記載してある情報をスライドで流し、昔の写真と今の写真を対比させながらクイズも交えるなどの工夫もした。また、昔の小学校の写真をスライドで流すなかで、今も変わらない小学校の校歌の歌詞が映し出されると、自然と子どもたちが校歌を歌い出すなど、胸をうたれる場面もあった。子どもたちも終始楽しく参加しており、イベントは大成功であった。

その後、イベントに参加した小学校の校長先生から、小学校3年生の授業でも取り上げたいとの話があり、2019年度中の実施に向けて打ち合わせを行っている。また、メンバーからは「子どもだけではなく高齢の人にも昔を懐かしんでもらえるのではないか」「歴史に興味のある外国人もいるのではないか」などの意見も出ているため、今後も地域住民による活動として継続していく予定である。

図表 3-7　子ども向けイベント

## 2 地域福祉サポーター

### 1 地域福祉サポーターの誕生

2012～2016年度を計画期間とした「豊島区地域福祉活動計画」において、行政や民間の既存の福祉サービスでは対応できないニーズについて、共助の精神による地域の新たな支え合いを展開するために、重点事業として「地域福祉サポーター制度の導入」が明記された。そして、2013年度から、区民(在勤・在学の社員・学生を含む)が身近な地域

で住民等の異変や問題に気づき、声をかけ、CSW、地区担当職員とともに見守り活動を行う「地域福祉サポーター」の養成を開始した。

開始当初、地域福祉サポーターの養成カリキュラムづくりや研修の実施などについては、CSWだけでなく、他部署職員も含めた社協内のプロジェクトチームで運営してきた。しかし、地域のなかでより効果的な活動を展開していくためには、小地域で地域福祉サポーターとCSWの関係構築が必要になってきたことや、2015年度にCSWが全圏域に配置になったことを契機として、以降の地域福祉サポーター養成はCSW中心に実施されている。

## 2 地域福祉サポーター登録と研修
### 1 登録状況

2018年3月末の登録者数は、246名である。個人以外でも、企業(保険会社)の社員が446名登録している。登録者の属性は、一般区民、大学生、元民生委員児童委員、ハンディキャブ利用会員、金融機関職員、NPO法人職員、弁護士、社会福祉士、税理士、ケアマネジャーなど、多種多様である。

登録者の平均年齢は62.6歳で、最年少は21歳、最高齢は88歳である。平均年齢こそ60歳を超えているが、60歳未満の登録者の割合は34.6%となっており、40歳代、50歳代の登録者が多いのも特徴である。

また、登録者のなかには、地域や福祉、その周辺領域でかかわりをもっていた人もいるが、これまで地域や福祉に関心がなかった人々も多く登録している。そして、車いすで介護を受けている、精神障害がある、難病を患っている、子どもがひきこもっている、など、普段は支援の受け手として見られてしまいがちな人々が、「自分にも何かできることはないか」という想いで、支え手として地域で役割をもち、活動に参加している。地域福祉サポーターは、地域で誰もが役割をもち活躍することができる取り組みになっている。

## 2　スタート研修・学習会・交流会

　地域福祉サポーターに登録するためには、定期的に開催している「スタート研修」を受講する必要がある。研修は3時間で、豊島区の現状や地域課題、地域福祉サポーターの活動内容、個人情報保護などに関する講義と、グループディスカッションを行っている。研修を修了すると地域福祉サポーターとして登録され、登録証が発行される。

　登録後には、年3回程度、地域福祉サポーター向けの「学習会」を実施している。これまで、精神障害、ひきこもり、自殺・うつ、認知症、虐待、発達障害、ホームレス、防災など、さまざまな地域課題をテーマとしてきた。

　また、登録年数の差などによる活動に対する意識のズレなども課題となってきているため、CSW圏域ごとに、年数回「交流会」を実施している。当初は、登録者全員で交流会を実施していたが、登録者の増加やCSWの全域配置などにより、小地域でサポーター同士が顔を合わせる機会をつくるために、圏域ごとで集まることとした。交流会では、普段の活動の共有や勉強会、意見交換などを行い、サポーター同士で活動に対する想いや意識を共有し、地域課題や新たな地域活動などについて考える機会としている。

## 3　「地域のアンテナ」として

　地域福祉サポーターは、日常生活や日常業務のなかで行うゆるやかな見守り活動を行い、困っている方に気づいたらCSWや民生委員児童委員等に連絡するなど、いわば「地域のアンテナ」としての役割を担っている。また、地域でのゆるやかな見守り活動のほかにも、地域で行われている地域活動やサロン活動、CSWが実施している活動にも、地域福祉サポーターが参加、協力している。

　ここでは、実際に地域福祉サポーターの気づきや声かけから、CSWに相談がつながった事例を紹介する。

### 隣人のことが心配

　隣の人をしばらく見かけない。倒れているかもしれない。

　CSW が現地に向かい、民生委員児童委員や近所の住人、地域福祉サポーターで声かけをしたところ、かすかな声で反応があった。窓から室内をのぞくと、意識はあるが低血糖により動けない状況であった。窓から手を伸ばしたあたりに鍵があったため、本人の了解を得て開錠、救急搬送となった。

### 困っていることを口に出せない

　近隣に視覚障害のある高齢者が住んでおり、犬の散歩の際、気にかけてゆるやかに見守っていたが、最近少し様子が変わってきており、心配なので同行訪問してもらいたい。

　地域福祉サポーターと CSW が一緒に本人に声をかけ、介護保険を利用していることがわかる。最近、歩行困難になってきているとのことだが、このことは担当ケアマネジャーには伝えていないとのことであった。本人の遠慮がちな性格から、困っていても口には出せない様子であったため、本人の了解のもと、担当ケアマネジャーに状況報告をして、今後の対応を依頼した。その後も、地域福祉サポーターが日常生活のなかで気にかけ見守っている。

### 仕事のつながりからの気づき

　仕事上で付き合いのあるカフェの店主から「よくお店に来る人の息子が 40 歳で障害があるため、今後のことを心配している」との話を聞いた。

　地域福祉サポーターより店主を紹介してもらい、CSW が詳細を聞き取る。その後、対象者の母親と面接して、母親も体調に不安を抱えていること、今後の生活や自身亡き後の息子のことなどについて、相談を受ける。今後は息子にも会う機会をもち、親子が安心して地域で生活していけるように、引き続きかかわっていくこととなった。

図表3-8　地域福祉サポーターの役割

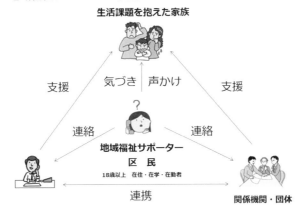

## 3 区内社会福祉法人による「福祉なんでも相談窓口」

### 1 社会福祉法人の地域公益活動

　国は、改正社会福祉法第24条第2項に基づき、「社会福祉法人は社会福祉事業及び第26条第1項に規定する公益事業を行うに当たっては、日常生活又は社会生活上の支援を必要とする者に対して、無料または低額な料金で福祉サービスを積極的に提供するよう努めなければならない」とした。

　改正社会福祉法第55条2において、「日常生活又は社会生活上の支援を必要とする者に対し、無料又は低額な料金で、その需要に応じた福祉サービスを提供するものとする」とし、補足して厚生労働省社会・援護局福祉基盤課長通知で「地域における公益的な取り組み」の三つの要件、①社会福祉事業又は公益事業を行うに当たって提供される福祉サービスであること、②日常生活又は社会生活上の支援を必要とする者に対する福祉サービスであること、③無料又は低額な料金で提供される福祉サービスであること、を指針として示している。

　東京都では、東京都社会福祉協議会が、2016年9月に「東京都地域公益活動推進協議会」を設置し、3層による取り組みの推進を目指して

いる。第1層は、「社会福祉法人の個々の取り組みの推進」とし、地域ニーズに基づき、各社会福祉法人が独自に地域公益活動に取り組むことを推進すること。第2層は、「地域（区市町村域）における取り組みの推進」とし、(1) 区市町村ごとに社会福祉法人の地域ネットワークづくりを推進、(2) 地域ネットワークづくりを基盤として、地域ごとにニーズを捉え、複数の社会福祉法人が連携して地域公益活動に取り組むことを推進するとした。第3層は「広域（東京都全域）による取り組みの推進」とし、(1) 地域によらず共通するニーズ、一つの地域では対応できない広域支援の必要があるニーズに対応する活動を実施、(2) 東京都全域での複数の社会福祉法人の連携による地域公益活動として、「はたらくサポートとうきょう」（中間的就労推進事業）を実施するものとした。

こうした流れのなかで、豊島区内の社会福祉法人が集まって、第2層（区市町村域）の取り組みとして「福祉なんでも相談窓口」を行うこととなった。

## 2 法人ネットワーク会議から相談窓口設置へ

もともと豊島区内の社会福祉法人が集まる会議体は、1992年1月に開催した福祉施設長会議までさかのぼる。区内116の福祉施設のうち27の施設が一同に介して、地域福祉の現状と課題を協議した。また、1994年4月には、51施設の参加のもと、当時豊島区社会福祉協議会の地域福祉活動計画策定委員会委員長であった大橋謙策氏が『地域福祉推進における社会福祉施設の位置と役割』と題する講演を行い、そのなかで『今後、地域福祉を推進していくためには、住民の社会福祉への関心や理解が必要。社会福祉施設間の連携こそが住民参加を促進していくことにつながる』というメッセージを出していた。正しく、現在の「地域公益活動」を推進していくキーワードであるといえる。

大橋氏の後押しにより、その後年1回のペースで会議体を開き、各施設等が抱える問題、課題等の情報共有を図ってきた。2011年3月には、「豊島区社会福祉法人ネットワーク会議」と名称を変更して議論を積み重ね

てきた。

　2016年3月から、この会議において「地域公益活動」のあり方を協議する。区内法人が連携して取り組む事業を想定して、プロジェクトチーム（PT）を設置した。各法人が行う第1層部分での取り組みも互いに情報共有を図りながら、約1年をかけて第2層の法人全体が参加しての事業実施に向けて協議を行い、2017年4月より、26法人全体での「福祉なんでも相談窓口」の事業開始につながった。

### 3 福祉なんでも相談窓口の実施体制

　「福祉なんでも相談窓口」は、保育園や高齢者福祉施設、障害者福祉施設、地域生活支援センター、母子生活支援施設、社協CSW等、2018年4月現在で区内25法人45施設が参加しての横並びの事業である。事務局は豊島区民社協が担うが、「福祉なんでも相談」そのものは互いに連携して取り組むものとした。

　相談窓口の方針として、①相談は原則として断らない、②相談されたが、どう助言してよいかわからない場合は他の機関・団体につなぐ、③気軽に立ち寄れる場所を目指す、④福祉全般の課題をみんなで共有し地域づくりに活かす、という四つを掲げた。各施設で具体的な相談を受けるが、その施設での対応が難しいと判断した場合は、内容により行政や関係機関、団体につなげる、複雑な事例やどう解決してよいか不明な場合はCSWに連絡を入れてもらうように促した。この方針は、CSWの個別相談支援の方針と同様である。

　また、事前に相談の引き継ぎの手順の確認、想定される相談事例、本人・親族・近隣からの相談事例を踏まえて担当者が集まって協議をした。相談票は、統一したものを使用するようにして、なるべく簡潔かつまとめやすいようにとA4一枚に収めた。相談内容は、16項目に分けて整理し、生活課題の解決に向けた方策を探る観点から、相談者の同意を得たうえで、必要範囲で適切な関係機関・団体等に情報提供または協力を依頼することとした。

図表 3-9　福祉なんでも相談窓口パンフレット

事業を周知するために、福祉なんでも相談窓口のパンフレットを作成し、関係機関、各参加団体に配布したほか、町会や民生委員児童委員協議会、講座、ホームページ等でも広報を行った。また、各施設の入り口に立て看板を設置し相談窓口を開催している旨の周知も図った。

## 4 地区連絡会の実施と相談対応状況

　相談窓口となっている施設は区内に点在していることから、半期に1回、8地区ごとに連絡会を開催することとした。事務局はCSWが担うが、開催場所は各法人のもち回りとしている。地区連絡会では、相談窓口で受けた相談内容や窓口運用上の課題共有のほか、各法人や施設が地域で感じている課題などについて情報交換を行っている。

　法人ネットワーク会議は区内全域で行っているが、地区連絡会はCSW圏域と同様に小地域で実施しているため、窓口担当者間の顔の見える関係づくりができてきている。連絡会での情報交換を行うなかで、保育園で実施するイベントの際に、障害者福祉施設を訪ねることができないかとの話が出るなど、これまでかかわりのなかった施設同士がつながる場面などもあった。

　相談窓口開始から1年、2017年4月から2018年3月までの相談実績は全体で35件であった。実際の相談では、育児、介護のダブルケアのこと、認知症の夫と精神疾患で通院中の妻のこと、生活費に関すること、近くの道路に人がけがをして倒れているので処置をお願いできないか、ケアマネジャーが親身になって相談に乗ってくれないこと、などさまざまである。こうした相談内容は、CSWが普段から受けている相談事例でも多い。

　例えば、関係機関で相談した内容に納得できなかった相談者が別の機関や団体に行っての相談ということはよくあり、病院受診でいうところの「セカンドオピニオン」的存在としての価値を見出すこともできる。包括支援体制の構築とともに、こうした第二、第三の相談先へのつなぎ、受けとめ方等も今後追究していく必要性を感じている。

　「福祉なんでも相談窓口」はまだはじまったばかりであるが、相談から見えてくる地域生活課題から、地域で必要とされている活動について共有しながら、新たな活動の展開も模索していく。

## 4 サービスラーニング（大学との連携）

### 1 取り組みに至った経緯・背景

　大正大学と豊島区の間で、地域の発展と人材の育成に寄与する取り組み（としま共創事業）に関する協定を締結しており、その一環として、2014年度より CSW が配置されている区民ひろばを中心に、「サービスラーニング」を実施している。サービスラーニングは、1980年からアメリカではじまった教育活動の一つで、「社会活動を通して市民性を育む学習」であり、地域への貢献を育み、地域の結びつきを強化するものである。

### 2 取り組みの内容

　大正大学人間学部社会福祉学科の1年生（1学年約100名）が、大学での事前学習で地域資源や CSW について学んだうえで、**CSW が配置されている区内4か所の区民ひろば**を拠点として、区民ひろばや地域で行われているプログラムを体験し、協力している。サービスラーニング終了後には、学生が地域から得た学びや地域活動に対する考察、提案などを、地域にフィードバックする報告会を各地域で行っている。

　**CSW** は、大学の担当教員と協議を行い、プログラムの組み立てや区民ひろば運営協議会、町会、民生委員児童委員等との調整など、学生のプログラム参加のコーディネート役を担っている。

　＜体験・協力しているプログラムの例＞
- 区民ひろばのお祭りや事業、イベント
- 民生委員児童委員等が実施しているサロン
- 地域住民の案内によるまち歩き（社会資源調査）

## 3 サービスラーニングの効果

　学生は、地域の現状やソーシャルワーク実践の意義を理解し、地域の一員として活動に参加することで、基礎的な実践力を身につけることができる。また、サービスラーニングをきっかけとして、地域活動に興味をもち、継続的に参加する学生もいる。

　地域では、若年層の地域参加が課題となるなかで、学生が活動に参加・協力することで、活気や変化が生まれるなど、よい刺激となっている。毎年学生は変わるものの、サービスラーニングを大学の必修科目として位置づけ、**CSW** が地域とのコーディネートをすることで、学生と地域の関係を継続することができている。

　なお、「東京都地域福祉支援計画」（2018～2020年度）P.96において、東京における特色のある地域活動として、本節の内容が紹介されている。

### 参考文献

- 東京都社会福祉協議会　東京都地域公益活動推進協議会「東京都地域公益活動推進協議会のご案内」2017年（https://www.tcsw.tvac.or.jp/kokenshien/koiki/documents/suisinkyo-pamphlet.pdf、最終アクセス：2019年3月8日）
- 厚生労働省「社会福祉法人による『地域における公益的な取組』の推進について」2018年（http://www.mhlw.go.jp/file/06-Seisakujouhou-12000000-Shakaiengokyoku-Shakai/0000191934.pdf、最終アクセス：2019年3月8日）
- 豊島区民社会福祉協議会 地域相談支援課編『Story & Map　このまちでみんなと生きてゆく』豊島区民社会福祉協議会、2018年
- 豊島区民社会福祉協議会「トモニーつうしん　第26号」2018年（http://toshima-shakyo.or.jp/pdf/material/tomoni_vol26.pdf、最終アクセス：2019年3月8日）
- 歴史MAP委員会「池袋歴史おさんぽマップ」2016年

第 **4** 章

# CSWの主な役割

世界一の超高齢者社会の日本。いずれ人生100年時代を見据えて抜本的な社会保障改革を行う時代にきているといわれるなかで、私たちCSWは生活課題を抱える住民の一人ひとりに寄り添い、その要因を明らかにし、行政や関係機関、団体に提起するとともに、すべての住民とともにこの社会で生きていく意味や人と人のつながりを今以上に意識して地域福祉を展開していく必要性を感じている。

【豊島区民社会福祉協議会　CSW行動指針】
◇身近な暮らしの相談・支援（子どもから高齢者まで）
　→**全世代を対象**に相談支援を行う。電話、来所相談のほか**ご自宅等への訪問相談・支援**も行っている。相談は断らない。
　　定期的に区民ひろば等での相談会も実施
◇多問題を抱える家族への支援
　→行政・関係機関・団体への**つなぎ支援**、またケース会議の開催、参加（横断的体制をつくることも視野に）
◇地域支援活動を興す
　→地域アセスメントおよび個別事例の中の生活課題について集積、分析等を行い、課題解決に向けて**新たな「地域支援活動」を住民の協力のもと**興している。
◇様々な関係機関・団体との連携強化
　→様々な関係機関・団体の会議体等に参加しての**連携・協働の強化**

## 第1節 個別相談・支援の役割

　これらのCSW行動指針を踏まえたうえで、**CSW**の主な5つの役割（個別相談・支援、地域の実態把握、支援活動を興す・支える、福祉意識の醸成、地域のネットワークづくり）について、整理して自己評価につなげた。

　**CSW**が取り組む一つとして個人や地域からの相談・支援があるが、埋もれがちな事例は**図表 4-1**のとおり多岐にわたっている。

　人との接触を拒否、人とのコミュニケーションが苦手、病気、介護、ひきこもり等の心身状況の低下、自己責任論の根強さを身近で感じることで自ら言い出しにくくなる状況、8050問題、親亡き後の相続等の問題、制度の狭間にあり本人の健康状態が深刻な場合など、家族にかかる経済的、身体的、精神的負担は計り知れない。そしてこれらの生活上の問題が複数重なった場合は、自己解決は困難を極める。**CSW**が個別相談を通じて支援すべきことは、こうした要因を探るなかで、その人が今まで生きてきた過去の出来事や想いを受け止めて、これから生きていく

**図表 4-1　この世の中の現状をどうとらえるか（主に豊島区内の課題を例示）**

この世の中の現状をどうとらえるか
（例示）

| 人との接触を拒否 | 生きている意味がない | 働いてもその先の希望が持てない | 制度の狭間にいる |
|---|---|---|---|
| 社会的孤立 | 深刻な心身の状況を認識していない | 介護・育児の限界 | 支えられる側になったらお終いと話す人 |
| 収入が少なく生活が成り立たず（借金も背負う） | 声をあげられない（小さく生きている） | 自分の人生は自分で責任を（自業自得） | 息苦しい社会 |

**図表 4-2　生活課題　孤立に関係する主な要因と状況**

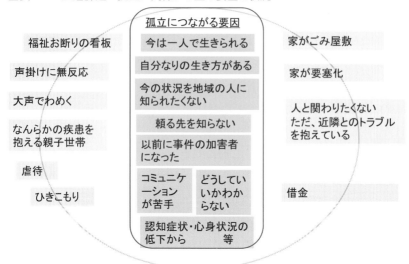

　想いに寄り添うことを大事にしている点である。そのことをしっかりと意識していくことで本人の信頼を得て支援の形を構築することが可能になる。

　孤立の問題は年齢に関係なく起きている。社会のなかで埋もれがちな生活困窮者、障害がある人たち、虐待の疑いがある人たちへの支援も行っているが、その際に豊島区の **CSW** が意識することは、「個々の問題は、その家庭の生活課題でもあるが、地域のなかで起きている一つの課題でもある」ということ。地域課題の一つとして認識したうえで、「このまちで一緒に生きていく」という地域共生の視点を地域住民にも理解、協力してもらえるように話をしていくことと、社会学者 House. J. S が唱える四つの視点（**図表 4-3** 参照）を念頭にソーシャルサポートネットワークの形成を目指している。

図表4-3 ソーシャルサポートネットワークの機能

## 人間が人間として生きていくには、4つのソーシャルサポートネットワーク(SSN)の機能が必要

House.J.S

①喜びや悲しみを共に共有する人がいるか
②日常生活上のちょっとしたお手伝いをしてくれる人が側にいるか
③一人の人間としての尊厳を守り、人として評価してくれる人が側にいるか
④日常生活に必要な情報を教えてくれる人が側にいるか

これらの視点から　　　考察しSSNを形成していくこと
上記の4つの　　　　　機能をいかすには地域住民
　　　　　　↓　　　　　のさりげない力が必要

安心・安全な社会＋持続可能な地域（社会）をつくる
　　　　　　　　　　＋個人の尊厳を守る社会

# 第2節 地域の実態把握

　個別相談からも地域課題を知るとともに、地域の社会資源やまちの歴史、まちを築いてきた先人の想いや考え、また各世代の共通課題でもある「災害」や「見守り」、「元気あるまち」などのキーワードを設定して、それぞれの地域現況を把握していくことは大切である。その手法は単純に数量分析的なものでなく、地域のあらゆる人々と接し、会話を通して相手のこころの想いを感じて課題を把握していく。豊島のCSWの場合、行政機関や公的団体等のフォーマルの会合に留まらず、日頃から町会、自治会、民生委員児童委員、青少年育成委員、大小問わず地域活動団体が行う会合等にもCSWは積極的に参加している。「その人となり」を互いに理解した後の関係性はより強いものになっている。

　また実態把握では、住民の想いや考え方が一致することと相反する部分があることを認識し、CSWは時間をかけて昇華していく作業をサポートする。地域福祉の推進や実践で難しいといわれるのは、そこにいる参加者の思考を短時間で同じ方向にもっていこうとするからで、それぞれの意見の形を共有していくとともに、相反する関係も終わりには連鎖していることに理解が進むようにサポートしていく。

　現在、社協全職員で取り組みを行っている「区民ミーティング」（住民懇談会）は他者の意見も傾聴し合い新たな思考を模索する学び合いの場になっている。

# 第3節 支援活動を興す、支える

　地域支援活動へのCSWのかかわりとしては、個別相談・支援から見えてくる共通の課題を引き出し、CSWが主導またはCSWと関係機関や団体と協働して住民参加のもと地域活動を興すという考え方がある一方で、地域住民や学生、企業等が自ら地域に関心をもち仲間を募り地域活動を興していくことへのサポート支援という2面性をもっている。自ら地域活動を興そうと準備している団体代表者からの相談では、「私たちの活動に関連して社会資源を教えてほしい」ということや「代表者やメンバーの想いや考え方はまちのニーズや時代のニーズに合っているのだろうか」という疑問に対して真摯に向き合い、時間をかけて支援の目的、方法等を検討し、活動開始の際にはCSW等が顔を出して状況把握に努めている。

　地域支援活動では、「学び合い、支え合いの活動」「住民、団体との協働」「生活支援＋文化的支援の融合」という三つの視点を大切にしている。

　地域課題を知るということは、行政や関係機関・団体、CSW等の関係者のみが知っていても意味がない。わがことのように地域の福祉意識を高めていくためには、地域課題を住民にわかりやすく提起し、共感を得ていくことからはじまる。

　それが「学びあい」の場である。現在CSWが区民ひろば朋有と一緒に行っている「しゃべり場」や各地区で行っている「区民ミーティング」（住民懇談会）等の活動もそれにあたる。「学びあい」の場は、地域での学習会や小さな勉強会等を企画開催したり、団体が企画すれば呼ばれて話をしたりすることもある。井戸端会議もある。参加者それぞれの想いを聴きながら、一参加者には行政や関係機関等のサービス以外にも地域活動団体や住民等による「地域の小さな力」が、住民を元気にしていくことにつながることを明解に伝えていくことが必要である。

　そうした各地域で学びあいの場を設定していくことで、住民参加の支

えあいのしくみが必然的に生まれていくことにつながる。
　住民や団体と協働しての支えあいの活動例とは、区内大学の社会福祉学科の学生と協働した「学生出前定期便」である。これは大学がある地域において、電球の取り換えや夏・冬服の入れ替えや小さな荷物の移動等でお困りの高齢者からの連絡をCSWが受け止めて学生が実践する活動である。言わば支援を通じて高齢者等の生活実態を認知し、これからの福祉のあり方を学生とCSWが考えていく機会をつくっている。
　生活支援＋文化的支援の融合という視点は何か。
　逼迫した状況に陥っている生活課題に対して、「ただ生きる」ことを支援するのみでなく、心に張り合いがもてるように趣味や特技等を活かした文化的活動にもつなげていくことを意味する。生きることへの支援は、行政や関係機関が主に担っているミッションであり、心身状況の改善や経済的安定を図るためには欠かせない生活支援である。しかしそのことに留まらずその人が生きてきた過去を振り返り、得意とする活動に参加の機会をつくり、互いにこころが通じ合う、なんとなく気持ちが温かくなる寄り合いの場を提供することもCSWにとっては大切な視点である。

## 第4節 福祉意識の醸成

　要援護状態にある高齢者やネグレクト等の被虐待児問題、心身障害者の差別化、精神症状の悪化から近隣住民から不安や心配の声が聴こえてくるときがある。

　例えば「早く病院や施設に入所させてしまった方がよい」との声。確かに心身状態が重度になると地域住民同士の支え合いのレベルではない。しかしすぐに入院や入所ができるその家族の経済的側面を社会保障制度がすべて解決できるものでなく、また老々介護やヤングケアラー、ダブルケアで苦しむ介護者に住民から発する一言で精神的負担を強いる状態になることがある。

　本来、要援護者、介護者等の身体的、精神的負担を軽減することが、社会保障制度や地域社会の役割ではないか。生きていくことを脅かす生活課題は国や都道府県、各自治体担うべき課題である。そうして制度をつくっても、時間が流れていけば新たな課題が見つかるため制度がつくられた時点から制度の隙間は存在する。

　一方で地域の受け皿となる住民一人ひとりが要援護者等の生活課題について「わがこと」のように理解を深めて意識改革につながるような仕かけも必要である。まさに大切なのは、生活課題を把握、分析したのち、行政への課題提起を図るとともに住民にも地域課題を考えてもらう機会をつくり、「行政の確かな支援策もあるが、温もりのある細やかな皆さんの力が必要」であることを求めていくこともCSWの役割として大きいと考えている。

　さまざまな生活課題を自己責任で解決することが当然であるという考え方はまだまだあるなかで、限られた人間の一生のなかで隣り合う地域住民がそのまちで一緒に暮らしていく意味を問い、これからも個人の尊厳を尊重していく活動を展開していかねばならない。

　そのことを意識した取り組みの一つが「地域福祉サポーター」である。

### 図表 4-4　CSW の主な役割

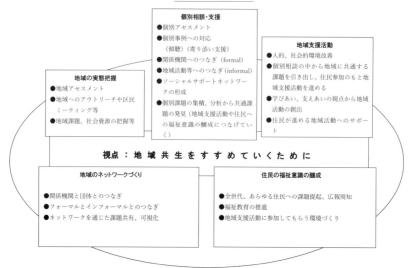

　地域福祉サポーターは、地域の小さなアンテナ役として不安や悩みを抱えた人の気づき、声かけ、コミュニティサロン等の地域活動への参加を通じて、多くの住民に地域の福祉意識を広げていくことを一つの目的として考えている。たとえ障害や難病があってもサポーターとして登録できる。同じ地域の一員ということを意識してもらうことが一つの理由である。

# 第5節 地域のネットワークづくり

　各ライフステージで生じるさまざまな生活課題を解決するために、周知のとおり社会保障制度においては各関係機関の横断的連携強化が求められるところである。もう一方で行政、公的関係機関・団体のフォーマルと、民間機関・団体、地域活動団体、学校、企業等のインフォーマルがつながり合い、孤立や見守りに限らずさまざまな支援の輪がつながっていけるようにサポートすることがCSWの役割と認識している。

　また、地域にある活動団体や学校、企業等がつながり合える環境を整えていくことも視野に入れている。つまりフォーマルとインフォーマルの協働に限らず、インフォーマルの活動団体同士のつながりをつくるのもCSWの大切な役割の一つである。

　現状としては、子どもたちへの無料学習支援活動の団体が集合しての連絡会を社協が事務局で行っている。また当事者団体と地域団体との引き合わせを行い、地域のイベントが開催されたり、地域活動団体の企画にCSWが乗り実際の活動に協働して取り組んだり、同じ地域内にある企業と学校をCSWが引き合わせて、学校の安全活動に社員が参加するなど「つながり」からどんな変化が起こるかを期待しながら少しずつ地域を編んでいる現状である。

図表4-5　地域を縦糸×横糸で編む

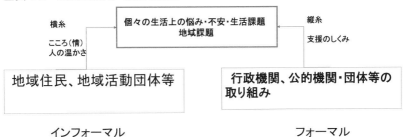

# 第6節 CSW機能を活かした組織体制

　2015年度より、社協内の組織体制を整備し地域相談支援課に社協の生活支護体制整備事業「生活支援コーディネーター（第1層）」1名と生活困窮者自立支援法に基づいた自立相談支援事業の「相談員」6名、地域の全8圏域に「CSW」19名（係長含む）、全体統括の立場から課長を配置、計27名体制のトライアングル体制で連携、協働を図ってきた。人材育成においては、個別相談支援や地域支援活動、地域の実態把握、福祉意識の醸成、地域のネットワークづくり等の役割を担っていくために、「事例検討会議」や事業活動の振り返りや新たな事業活動の開発を行う「CSW会議」、大学教授の指導、助言による「スーパーバイザー会議」等、スタッフの人材育成も視野に入れてスーパービジョンシステムのしくみを構築してきた。

　今後も事業を実践していくなかでスーパービジョンシステムの修正を行うとともに、課題解決能力を高めて地域づくりに貢献していくCSWの人材育成を図ることが大切になると考えている。

### 参考文献

- 豊島区民社会福祉協議会 地域相談支援課編『Story & Map　このまちでみんなと生きてゆく』豊島区民社会福祉協議会、2018年
- 日本地域福祉研究所監修、中島修・菱沼幹男編『コミュニティソーシャルワークの理論と実践』中央法規出版、2015年

第 **5** 章

# CSWの成長・実践力を
# 高める方法

# 第1節 CSWの専門性と実践力

## 1 ソーシャルワークの源流から学ぶ

### 1 欧米における源流

　ソーシャルワーカーが誕生した源流にさかのぼれば、18世紀半ばから19世紀にかけてイギリスで起こった産業革命以降、資本主義の構造的な矛盾から大量な貧困層を生み出し、個人的な慈善活動の対応では立ち行かず、慈善事業として組織化する「ロンドン慈善組織協会（Charity Organization Society：1869年、以下COS）」の取り組みにはじまった。そこでは個別の訪問調査やケース記録の集積、慈善団体の連絡調整・協力などの業務をボランティアである友愛訪問員などが有給職員になった。その後、アメリカ・ボルチモアCOS職員のリッチモンド（Richmond, M. E：1861-1928）が「ケースワーク」を理論化してから多くの理論が生み出されていった。

　その一方、貧困層の人々が暮らす地域（スラム街）を富裕層の知識人が中心となる慈善活動であった「セツルメント運動（Settlement house movements）」がはじまった。その典型例は、オックスフォード大学のトインビー（Toynbee, A：1852-1883）が大学生と一緒に地域で暮らして地域改良・変革に取り組み、その運動が欧米に広がって「コミュニティオーガニゼーション」から「コミュニティワーク」へと理論化されていった。しかし、アメリカではCOSのケースワークとセツルメントのコミュニティワークの双方が対峙・対立しながら発展していった。

### 2 わが国における源流

　そうした欧米の先駆的な取り組みをわが国に導入した時期には諸説みられるが、宗教による慈善事業を源流にした実践は、キリスト教文化圏で実績を示し、わが国ではキリスト者の石井十次（1865-1914）を典型

とする先駆者らが入所型の施設実践を展開した。かたや仏教者の取り組みを東京圏に限れば、大乗仏教宗派連合による「福田会育児院（1879年）」も先駆となるが、渡辺海旭（1871-1933）は、10年間のドイツ留学から帰国後、ドイツ型セツルメントと呼ばれる「労働者の家（Arbeiter Heim）」に習った「浄土宗労働共済会（1911年）」を創設した東京市深川での地域実践が先駆であり、矢吹慶喜（1879-1939）は、アメリカ留学におけるCOS視察を「第5回全国社会事業大会（1920年）」の帰朝報告では、リッチモンドの近況をわが国で最初に紹介し、渡辺と同じくセツルメント「三輪学園（1922年）」を開設して東京市下谷での地域実践を展開した。

同時期のボランタリーな地域実践では、民生委員児童委員制度の源流となる岡山県済世顧問制度（1917年）や大阪方面委員制度（1918年）が全国に広がり、方面委員令（1936年）によって地域の救済行政を補完する名誉職委員として小学校区を一方面とした地域を担当する商店主・工場主・医師・住職など地域の実情に詳しい人々が委嘱され、生活相談、戸籍整理、金品給与などを担った。その一方、同時期の地域保健活動における地域実践の源流は、欧米のHealth VisitorやVisiting Nurseに習った巡回看護婦事業に巡回産婆事業が加わる近代保健婦事業がはじまった。

そうした明治末期から大正中期の日本近代社会事業は、施設と地域の実践が並立してはじまり、地域実践では、個別の訪問や巡回の活動を中心にした個別支援と地域支援そのものが別々の理念によって生まれてきたという源流から学び取りたい。

## 3 近代社会事業の発祥地域

豊島区は、1932年に巣鴨町、西巣鴨町、高田町、長崎町の4町をもって成立した。その前史となる明治初期の政府は、首都東京を近代化するためにも、いわゆる福祉総合施設「東京府養育院（1872年）」を創設した後、その機能分化と拡充を図るために「巣鴨病院（1886年）現・東

京都立松沢病院」や「養育院巣鴨分院（1909年）」を開設した。また同地域の民間活動では、知的障害児・者施設の創始となる「滝乃川学園（1891年）」に石井亮一が設け、非行少年の教育的・家庭的な施設「巣鴨家庭学校（1899年）」を留岡幸助が創設した。

　大正中期の同地域には、先にふれた渡辺海旭（顧問）と矢吹慶輝（主任）と長谷川良信（理事）らが大正大学の前身「宗教大学社会事業研究室（1918）」をわが国で初めて開室して公私社会事業関係者に公開し、大学隣接地に長谷川がセツルメント「マハヤナ学園（1919年）」を創設して地域実践を展開しながら、地域の担い手となるソーシャルワーカーの養成教育にも取り組み、多くの後継者を輩出した。

　豊島区の巣鴨地域は、近代社会事業の発祥地ともいえる地域福祉史があり、当時の先駆者らは、社会制度を大きく転換させる過程において多角・多面的なネットワークを活用し合いながら主体的な民間活動を推進していったという史実から読み取れる。そうした源流をたどってみたように社会制度が未整備の段階では、行政の肩代わりや代替するという考え方よりも、ボランタリーな行動で切り拓こうとする思想性や価値観を見出すことができる。

## 2 CSWを育てるしくみ

### 1 CSWに期待する背景

　地域の変容は、世界大戦後の経済活動が高度成長を果たす過程で地方から都市への人口移動に伴う過疎・過密化により、双方の地域解体が急進していった。そこで顕在化してきた社会問題や生活問題などの対応となる社会福祉政策では、欧米や北欧の入所型施設の解体を進める利用者主体のコミュニティケアが注目されても、入所型の施設実践を主軸とする公的な措置や委任の制度化により、コミュニティを重視したセツルメント活動のような地域実践が衰退して地域のプラットフォームが創出できないままになった。そして、1990年代には少子高齢化の進展を踏まえ、

保健・医療・福祉（介護）・年金などの社会保障制度体系の再構築論議から社会福祉基礎構造改革がはじまった。特に、介護問題では保健・医療・福祉の統合化を図るために利用者による選択を重視したサービス主体の多様化や競争原理による質の向上を図るなど、社会保険方式を導入する勧告からはじまったわけである。その後、社会保障関連法の改正による制度化を矢継ぎ早に進めても、法制度間の狭間に据え置かれて困窮する人々の支援課題の対応に今もって迫られている。

近年では、少産・多死の人口動態が進む人口縮減化と重なり、多種多様な社会問題と福祉問題がさらに顕在化する人口減少社会に対応した新たなパラダイムの転換に迫られている。それら社会的な動向な背景などを見極め、地域の問題や課題に対応するためには、既存の福祉政策や方法論では対応できず、新たな担い手として**CSW**が各領域・分野から期待されている。そこで求められる専門性や実践力の資質向上が不可欠になり、新たなCSW理論の再構築と方法論の開発が期待されることになる。

## 2 変容した地域と向き合うCSW

変容する地域ニーズと住民の期待に応えられる**CSW**には、いわゆるジェネラリスト・ソーシャルワークの理論と技法を習得し、その能力が発揮できる基礎的な専門性を担保する国家資格の社会福祉士と精神保健福祉士に期待している。そのうえで福祉コミュニティづくりを目指す**CSW**には、実践場面のミクロ－メゾ－マクロ領域を視野に入れた個別支援と地域支援を両立させる専門性が求められる。そこでは、基本的な信頼関係に基づくソーシャルワーク過程の総合的なアセスメントから多元的な介入に至るまでの支援過程における交渉、調整、連携、協働などを進めていく高度な技能の習得が必須となる。また、多角的な連携を進めるコーディネーターや多面的な協働を成立させるコラボレーターの役割も期待されるため、多様な社会サービスを利用するユーザーやケアラーである住民とサポーターとなる住民と多分野の専門職との協働を推

進できる能力を獲得するよう求められる。

　CSW の重視は、イギリスの通称「バークレイ報告（1982 年）」に示され、地域を基盤としたカウンセリングと社会的ケア計画を統合したソーシャルワーク実践であるとし、地域を基盤とする支援を促進・維持しようとするソーシャルワーカーのアプローチでもあるとしていた。わが国では、1990 年代後半より大橋謙策が提唱しはじめ、人々の多様なニーズを多種のサービスと取り結ぶアプローチに留まらず、CSW が地域で支援を必要とする人々のニーズに対応し、個人と家庭と地域社会のストレングスに依拠して展開する新しいアプローチを求めてきた。そして、支援を求める人のニーズ充足や生活再建を求め合うチームアプローチを基本とした地域ネットワークを形成しながら誰もが住みやすい地域づくりを指向していく実践でもある。それら CSW の専門性に基づく実践力の要件は、次節において具体的な取り組みから得られた根拠に基づく実践知を踏まえて詳しく解説している。

## 3　CSW 養成および育成の試み

　全国的に配置が進んでいる CSW の養成には、社会福祉士と精神保健福祉士の養成課程における教育内容を充実させる改編が求められている。その養成と育成を試みてきた豊島区の実践では、CSW を豊島区全地区に配置してきた行政と社会福祉協議会および教育機関との確かな連携に寄って立っていた。これまで豊島区の地域保健福祉計画や地域福祉活動計画づくりなどに大学の教育・研究者らが関与して行政職員と社会福祉協議会職員との関係が深まるという、次のような展開で進められてきた。

　小地域での展開例は、大正大学大学院社会福祉学専攻（1997 年）における研究指導の「社会福祉実践分析研究」では地域研究を必修とし、それと連動して大学が支援する非営利活動法人「でもくらしい（2002 年）」が近隣商店街に地域活動拠点「大正さろん（2004 年：現在閉鎖）」の開設にあった。その拠点の運営は、院生らが主体となってア

クションリサーチによる地域研究、地域文化交流や世代間交流活動、「暮らしやすさ尺度」の開発、その評価研究などの成果を上げ、関与した院生らが CSW となる実践力を身につけたといえよう。

さらに学部教育でも地域に根ざした教育を理念に掲げ、学部再編による各学科・専攻を横断する教育プログラム「NCC（ネクスト・コミュニティ創造コース：2004年）」を置き、次世代の地域創造をめざす学生による地域貢献活動を通じて地域から学ぶという教育システムを導入した。それらの教育実践の成果は、「豊島区地域保健福祉計画（2011年度版）」に小地域実践例として次の図を紹介している。

図表 5-1 「豊島区地域保健福祉計画（2011年度版）」の小地域実践例

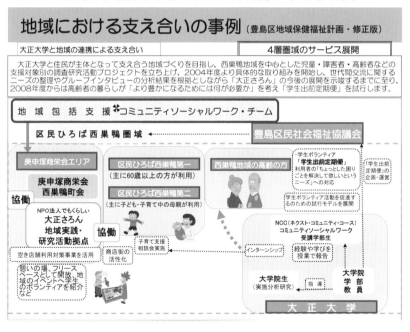

因みに豊島区は、学習院大学・女子栄養大学・大正大学・帝京平成大学・東京音楽大学・立教大学の区内 6 大学と「連携・協働に関する包括協定（2007年）」を締結し、「街全体をキャンパスに！」というコンセプトに基づき、それぞれの人的、知的、物的資源の交流を図り、教育機能の向

上によって豊かな地域社会の創造を目指していた。それに加えて豊島区と大正大学が「としま共創事業に関する協定（地域活性化事業2013年）」を結び、地域課題研究や地域での学びを通じて幅広い世代と地域交流を行い、地域に対して大学を活用するしくみづくり、人材育成の取り組み、豊島区民の豊かな生活の実現、大学周辺地域の活性化と学生の学びなどと連動するように協力し合うプログラムを展開してきた。

その後、豊島区と社会福祉協議会と大正大学の地域連携・協働では、社会福祉学科の導入教育（サービス・ラーニング）が「豊島区民ひろば」を学修拠点に CSW の支援のもとで進められてきた一方、社会福祉協議会との協定による大学院講座「スーパービジョン演習」に CSW が聴講生として学ぶ育成研修と学部生の養成教育が好循環に機能している。

## 3　CSW が向き合う地域社会

### 1　人口減少社会の到来と課題

わが国の人口が縮減する社会である「人口減少社会」では、大きくパラダイムを転換すべき課題が山積している。その人口動態では、国立社会保障・人口問題研究所が人口統計の結果から死亡率の低下、平均寿命の伸長による高齢化、出生率の低下や未婚化・晩婚化および離婚率の上昇といった人口学的変化を公表している。また、世帯の規模や構成でも高齢の独居世帯や夫婦世帯へと変化し、一人親と子の世帯の増加や未婚のまま親と同居を続ける若・青年層の増加などを見据えた社会サービス施策の必要性が示されている。

特に、戸籍法制定後の1899年から現在までの120年間の動向を、厚生労働省『平成30年　我が国の人口動態』でも人口ピラミッド図を示して老年人口比が27.3％の「超高齢社会」となり、人口自然増減の年次推移が2007年より10年連続のマイナス数値になるなど、人口減少社会の急進による社会問題や生活問題への対応策が大きな課題になっている。

経済動向では、「失われた20年」と呼ばれた1990年代からの20年間の低迷状態が好転しないまま、わが国のGDPは世界第3位であっても、1人あたり名目GDPが世界第5位であったものが2017年には22位へと落ち込んでいる。この間、1990年後半から2000年代前半の景気悪化により、団塊ジュニア世代では、就職氷河期と呼ばれる雇用・就労問題が非正規雇用・ブラック企業で働く割合やニート・ひきこもりが増えている。さらには、自殺者数も1998年から3万人を超えて2010年から下回る傾向でも、いまだもって2万人を超えたままであり、都内23区の高齢者孤独死が3000人を超える対応策なども課題となっている。

　急変する地域社会の動向を踏まえ日本学術会議社会福祉学分科会の「社会的つながりが弱い人の支援のあり方について─社会福祉学の視点から─2018年」の提言では、家族・職場・地域における人間関係が希薄になり、家族の成員間の関係性があったとしても家族の外部に対しては閉鎖的であるなど、自ら欲しても社会的な相互承認の場を十分にもてない人の支援策が課題であるとしている。

## 2 地域の変動とCSWの対応

　日本学術会議分科会の提言内容は、短期目標の包括的な相談支援体制を構築するために①全国の自治体にコミュニティソーシャルワーカーを配置すること（中期的には日常生活圏域に1人、全国で1万人を目標）。②市町村社会福祉行政の縦割りの弊害を解消するための第一歩として、情報共有や機関連携を推進するための組織再編を行うこと。③縦割りで予算化されている事業予算を市町村が柔軟に再編成できるようにして、社会的つながりが弱い人の新たなニーズに対応できるようにすること。④コミュニティソーシャルワーカーとしての専門性の向上を図るための養成教育および現任者研修プログラムの検討を行うことなどを提示している。

　この学術会議の提言よりも早く進めてきた豊島区では、前章の解説にあるように地域保健福祉審議会や議会などで検討された結果、**CSW**配

置の具体的な方策が2009年よりモデル事業としてはじめられた。奇しくも2011年3月11日に発生した東日本大震災による被災者支援や防災対策などが進められるなか、WHO「セーフコミュニティ協働センター」による一定の指標を満たした持続的に安全と健康の質を高めていると評価されて2012年には、わが国で5番目、東京で初めての国際認証都市「セーフコミュニティ」および区立朋有小学校が「インターナショナル・セーフスクール」の国際認証を取得した。そして、「豊島区セーフコミュニティ推進協議会」の重点10テーマに対応する対策委員会が各課題を洗い出しながら対策を検討している。全国どの地域でも共通する防災対応をはじめとする安全で安心な地域づくりを目指している**CSW**が関与する役割と機能を発揮する領域は幅広く、それらに即応できる専門性と実践力のたゆまぬ向上の努力が欠かせないわけである。

　近未来に向けては、団塊ジュニア世代社会の将来予測による総務省「自治体戦略2040構想研究会（2019）」が全国の自治体に向けて「持続可能な形で住民サービスを提供し続けられるようなプラットフォーム」になるよう求めている。人口減少下でもサービスを継続するためには、自治体・各府省の施策が最大限機能するよう自治体行政も大きな転換に期待する基本的な考え方を提示している。それらの課題を受ける近未来の自治体には、新たな施策を具現化する担い手として**CSW**に託していくような期待がさらに高まることになるだろう。

第 2 節 豊島区の CSW 配置と
キャリア形成のプロセス

　本節では、2009年度モデル事業によるCSW2名配置から、2013年度の4圏域8名配置までに生じたことを、CSWのアドバイザーを勤めた視点から述べる。そして、市区町村でCSWの配置を進めるなかで、どのような点に配慮することで、効果的なCSW配置やそのキャリア形成が進むのか、豊島区の取り組みに基づき考察したい。

## 1 CSWとアドバイザーの配置

　豊島区地域保健福祉計画（2009～2013年度）により、「地域における『新たな支え合いの仕組みづくり』を進めるために」、2009年4月からCSWが、モデル地区に2名配置された。
　モデル事業では、社会福祉士資格をもつ豊島区民社会福祉協議会の職員2名が委嘱を受けた。しかしながら、CSWはその内容も知名度も豊島区の住民だけでなく、関係者にもあまり知られていなかった。そのため、CSWの配置とともに、大学教員の「アドバイザー」2名も委嘱された。そして、地域保健福祉計画に記されたCSW増員の目的達成のため、CSWを支える「CSW事業アドバイザー打ち合わせ会議」が定期的に開催された。

## 2 初年度（2009年）のCSW配置で生じたこと
―戸惑いのモデル事業1年目―

　CSW配置初年度（2009年度）は、「CSW事業アドバイザー打ち合わせ会議」が年6回開催された。内容は、定期的な活動報告、今後の活動方針、その他検討事項がCSWより提起された。CSW2名は、日本地域福祉研究所の「コミュニティソーシャルワーク実践者養成研修」を受

講し、その内容を日々の実践と結びつけながらのスタートだった。

## 1 CSWは何かという住民の疑問

　当初、CSWは地域住民や関係機関にあいさつに行き、CSWという聞きなれない言葉をわかりやすく説明し、顔の見える関係をつくることからはじめていた。全国的にも先駆的な専門職であるだけに、一度説明して納得してもらえるわけでなく疑問や批判が投げかけられることもあった。そのため、活動を通して少しずつ実感してもらうことのほうが多かった。

　地域共通ニーズによる、「こどもまつり」「防災セミナー」「要援護者見守り体制づくり」、「アウトリーチによる個別支援」や「制度の狭間の困難事例対応」等、個人と地域の両者のニーズに積極的に取り組むことでCSWとは何かを伝え続けた。そして、多くの賛同も葛藤もあった初年度だった。それらは、隔月のアドバイザー会議で共有され、アドバイザーの管理・支持・教育機能より、CSWから住民や関係機関への説明の仕方や、今後の対応方法をともに考え、次の実施計画に活かすPDCAによる循環を行った。

## 2 縦割り行政と個人情報保護の壁

　2018年の改正社会福祉法106条3では、地域共生社会実現に向けて市町村の包括的支援体制整備が規定された。当時このような法律がないなかで豊島区のCSWは、地域保健福祉計画に基づき「地域での新たな支え合いシステムをつくる」ため配置された。個別ニーズ中心に公私機関と住民をつなぐ新たなシステム形成には、CSWと行政の高齢者・障害・児童各課が連絡調整なしには進まない。

　そのため行政福祉の管理調整課は、各福祉分野の管理職とCSWの出席により、各課業務の役割分担や、豊島区保健福祉計画へのすり合わせ、および評価等を行う、隔月の「CSW事業報告連絡会」を開催した。

　2009年度の「CSW事業報告連絡会」では、保健福祉サービスの最終

的な責任は行政にあることを確認したうえで、**CSW**に分野を超えた地域の社会資源の把握とコーディネートに期待した。しかしながら、その役割を遂行するためには、個人情報を扱えない現状に致命的な弱点があることも確認された。

　例えば、アウトリーチにより発見された地域での孤立やネグレクトについて、地域包括支援センターや子ども家庭支援センターから情報を得ようとしても個人情報保護の壁に阻まれてしまう。**CSW**が、公私関係者を集めた課題共有からネットワーク会議につなげようとしても、法制度による指示命令系統のなかでは、分野を超えて新規参入した**CSW**がかかわることへの疑問もあった。

　縦割りの行政組織を横につなぎ、「住民と行政の協働による新たな支え合い」をつくり出すことは、地域保健福祉計画により**CSW**を配置したからといってすぐに動き出すわけではない。そして、同じ言葉を遣っていても、CSWへの理解は行政組織の各課担当者でも異なっていた。そのため、実際の課題から行政の福祉各分野管理職と社会福祉協議会管理職、および**CSW**で議論を深め、共通認識をつくり上げていった。

## 3 スーパービジョンとしてのアドバイザー会議

　**CSW**に任命された社協職員は、社会福祉士の資格をもつ職員が選抜され、CSW研修を受講しながら業務を開始した。

　事業開始当初は、住民や関係機関の**CSW**への受け取り方の違い、信頼と不信が渦巻く反応、描くべきCSWイメージのズレがあり葛藤の多い日々だった。ソーシャルワーク論やCSWを教える大学教員であるアドバイザーにとっても実務で生ずる理念と現実の差は悩ましく、ともに考えながら目指すべき方向へのPDCAサイクルを繰り返した。それは、スーパービジョンの理論と方法をCSW実践に合わせて活性化し、修正する過程であり、個別支援とは異なるスーパービジョンを試行する機会でもあった。その過程で、熟練したソーシャルワーク研究者の視点は、**CSW**のスーパービジョンにおいても、基盤になり学ぶべき点が多

かった。

　年6回のアドバイザー会議のうち前半は、①地域アセスメントの進め方、②個別と地域支援計画の作成・実施・評価の繰り返し、それらによる、③地域共通課題の焦点化や支援成果のマップ化等、を実績報告に基づき話し合った。後半は、①行政各課のCSWのイメージの差を修正し、②地域の人材情報を含めた社会資源の整理と活用、③目的を明確にしたネットワーク会議の開催と地域支援への継続的活用、④社協の人材と情報の広報、⑤地域により深く入るための区民ひろばの活用と民生委員との連携、⑥今後のCSW増員への圏域設定、が話し合われた。

　毎回のアドバイザー会議では、CSWより活動の数的・質的実績が報告され、活動記録による振り返りの場となり、次の方針を立てる場となった。

## 4 2009年度CSWモデル事業報告書による成果集約

　2009年度末には、社会福祉協議会から年間報告書が出された。CSWの目的として①「制度の狭間でサービスにつながらず支援が必要な人のために」②「地域で支えあい・助け合いのしくみが活発になるように」③地域を支える関係者の連携が密になるように」④「そして地域の中でだれもがいつまでも安心して暮らせるよう」という4点のわかりやすい目標が設定され、初年度のCSWモデル事業の実績成果報告がされた。

　CSW配置の効果としては3点あげられ、それは「総合相談窓口の開設」、「福祉サービスのアクセシビリティの向上」、「地域福祉の住民と行政及び関係機関の連携の兆し」であった。そして課題としては、「個人情報の壁を乗り越える工夫」があげられた。

　地域保健福祉計画による抽象的な理念が、行政の福祉各課と社会福祉協議会とCSWと、少しばかりのアドバイザーの貢献で、豊島区で芽吹きはじめた初年度だった。

## 3 手探りでモデル事業2年目
―2010年度のCSW事業アドバイザー打ち合わせ会議―

　2010年度は、モデル事業の社会福祉士であるCSW担当が1名が交代し、2名でスタートした。2年目も隔月のアドバイザー会議が開催され、毎回活動報告と今後の方針が話し合われた。

　モデル事業2年目は、個別支援を地域で支えた事例が増加するとともに、行政の新規福祉事業とのすり合わせや住民との連携方法から、地域保健福祉計画のCSW関連の評価まで検討された。

### 1 CSW支援事例の増加

　2年目のモデル事業は、地域での個別支援の増加により、個人や家族だけでなく地域との関係性やサービス改善・開発も含めて、CSW実践が蓄積された。アドバイザー会議においては、個人と世帯全体について、CSW実践のポイントに基づくスーパービジョンがなされた。

　具体的には、「生活全体とストレングスを含めたアセスメント視点」、「生態学的視点によるエコマップによる関係性の把握」、「地域アセスメントと介入の循環」、「事例を通じた行政や関係機関のネットワーク評価と形成」、「民生委員や住民とのパートナーシップ形成」、「地域共通ニーズの焦点化」、等である。

　特に、「個別事例」と「地域」を結びつけるために、「キーパーソン把握」、「住民が興味をもつ地域支援事業の立て方」、「最初のきっかけづくりの重要性」、「単発イベントに終わらない進め方」、「民生委員や住民が参加しやすいプログラム開発」等の地域支援への教育的な話し合いも多かった。そして、地域共通ニーズに基づき、「要援護家庭への学習支援プログラム」が計画され、個人と地域を支援するPDCAの循環が動きはじめた。

　2009年度のアドバイザー打ち合わせ報告のなかで、「活動報告の個別相談・支援の項件数について、**CSW**の支援として地域をつくるという

ことがあるため表し方が難しい」という記録があった。従来の個別相談・支援とCSWが行っていることは異なり、CSWは個人と地域の両者を支援していたのだが、それがどのように発展するのか、どんな成果を生むのか、先はまだ見えないまま、手探りで実績を重ねながら進めていた。

## 2 地域保健福祉計画によるCSWのシステム形成への話し合い

2009〜2013年度の地域保健福祉計画では、CSWが以下のように書かれていた。「地域包括支援センター等に社会福祉協議会等よりコミュニティソーシャルワーカー（CSW）を派遣し、直接現場に出向くアウトリーチ型のソーシャルワークを展開しながら、高齢者、障害者、子どもなどすべての区民に対応するとともに、困難事例については専門機関や民生委員児童委員、NPO、地域活動団体などと連携を図り、総合的かつ包括的に支援するモデル事業を実施する」[1]「子どもから高齢者まで誰もが必要な福祉サービス等を利用でき、地域の中で孤立することなく、つながりを持って生活できるよう「新たな支え合い」のシステムのある地域をつくるためコミュニティソーシャルワーカー（CSW）をモデル地区に配置する」[2]。

それらの記述と実際のCSW実践を比較しながら、内容や方向性を評価した。そして、アウトリーチによるニーズ発見や住民とのパートナーシップ、全世代への支援がCSW支援計画に沿って実施された。しかしながら、対象者中心に縦割り行政を横につなぐ難しさ、個人情報を行政と共有できない弱点は、相変わらずCSW実践の壁となっていた。また、東京都委託の「シルバー交番」や「区民ひろばのNPO化」など、部門別の新たな施策が出され、地域保健福祉計画が予定通りに実施されない面もあった。さらに、社協もCSWを組織的に展開するなら現体制では無理があり、社協の組織改革も求められた。

そのため、2010年度のCSWモデル事業報告書では、実績や成果とともに、計画どおりに進まなかったことや改善のための課題と対策も含め

て、豊島区の保健福祉審議会に報告された。

## 4　3年目はモデル事業後の戦略
―2011年度のアドバイザー打ち合わせ会議―

　2011年度は、初年度から担当したCSW 1名が交代し、2名でスタートした。モデル事業3年目は、年3回のアドバイザー会議が開催された。

### 1　東日本大震災と地域の変化

　2011年3月に東日本大震災が発生し、池袋駅にも帰宅困難者があふれた。高層住宅では独居高齢者が孤立し、安否確認や支援にCSWも民生委員や住民とともに活動した。また、豊島区でも原発事故に伴う避難者を受け入れ、CSWが被災者の生活支援に活躍した。

　震災をきっかけに、「地域での孤立予防」や「新しい支え合い」への住民意識が高まってきた。CSWは、地域での学習会等を企画するとともに、社協内で連携し相談会やサロン活動を展開した。また、社協内においても職員の地区担当制を実施し、地域福祉活動計画策定に向けて地区懇談会を進めた。

### 2　CSW事業の発展に向けて

　2011年度で3年間のモデル事業が終了するが、その先の区の方針が不明確だった。そのため、保健福祉審議会で今後の方向性を議論するはたらきかけの必要が検討された。CSWの必要性はモデル事業より提示でき、地域支援事業においても被災者支援、学習支援、集合住宅支援と、その成果が現れてきた。モデル地区では、住民や関係機関との信頼関係が育ち、多くの個別相談と地域支援にかかわる事例が増えた。そのプロセスをどう普遍化して地域の共通ニーズに結びつけたかが、今後のCSWの展開には重要であった。

　地域保健福祉計画では、CSWの配置が区内8か所の地域包括支援セ

ンター圏域に計画された。しかし3年間のモデル事業より、地域包括にCSWが派遣されるよりも区民ひろばを拠点としたほうが動きやすいことが明らかになった。今後のCSWの拡大に向けて、まず3か所6人体制の提起と個人情報の扱いについて、区との調整が必要だった。また、長く地域での活動ができないと住民との関係形成が難しいため、単にCSWを増加させるだけでなく、スーパービジョンやCSWサポート体制も合わせて構築することが話し合われた。

## 5 4年目はCSWが3圏域6名に
―2012年度のアドバイザー打ち合わせ会議―

　2012年3月には、2012～2016年度の豊島区地域保健福祉計画が策定され、重点施策として「福祉コミュニティの形成と『新たな支え合い』の基盤づくり」のなかで、「コミュニティソーシャルワーク事業の圏域拡大とコーディネート機能の構築」が設定された。また、懸案だった個人情報の取り扱いも検討され、2年間のモデル事業に基づき、住民と行政をつなぐコーディネート機能発揮の構想図が示された。さらに、「2015年度を目途に、地域包括支援センターの8圏域にCSWを配置する」ことが記された。

　上記を受けて2012年度は、3圏域6名に社会福祉士のCSWが増員となり、3回のアドバイザー会議が開催された。全員が日本地域福祉研究所のCSW研修を受講し、共通認識をもって実践に取り組んだ。

　CSWとしては、学習支援や他団体とのネットワーク会議に取り組み、家事援助団体や高齢者総合相談センターとの連携を進めた。3圏域では、CSW実践課程に合わせて、個別支援と地域アセスメントを行い、その集積から地域共通課題を把握し、地域支援事業のPDCAを循環するプロセスに取り組んだ。これまでの3倍の実績を地域で重ね、その成果は実績報告書に蓄積されていった。

## 1 制度の狭間と複合事例への対応

　アドバイザー会議では、子どもに障害のある父子家庭、老々介護と成人無職の子世帯、高齢親との障害の子ども、刑務所出所後の単身者の退院支援等、制度の狭間や複合事例へのスーパービジョンが行われた。

　個別事例には、高齢関連も含まれていた。地域保健福祉計画の重点課題の「地域の新たな支えあいの充実」にも、高齢福祉課の「アウトリーチ事業」や「見守りと支えあいネットワーク事業」があり、CSWと地域包括支援センターの事例分担が検討された。

## 2 地域共通課題への地域支援方法の共有

　個人と地域の両者の支援には、スーパービジョンの課題として、地域共通ニーズの探索があった。例えば、サービス拒否の対応、災害時のネットワーク形成、社会的孤立予防の見守り、早期発見・早期相談体制等、顕在的ニーズだけでなく、潜在的ニーズ発見にも対応策が検討された。

　CSWに選抜された職員は、ケアマネジメント等の個別支援では経験豊富な方々が多かった。それだけに個別支援を深めるだけでなく、地域支援とのバランスや、地域共通ニーズの抽出と地域支援の進め方を共有することで、CSWの特色を活かした実践が展開した。

　また、地域アセスメントで把握すべき項目、その後の地域支援の進め方を蓄積することで、CSW相互にもノウハウが共有された。例えば、住民への課題の投げかけ方、モチベーションを高める情報提供や学習会のもち方、会議での提案や説明、チラシや広報のやり方まで、CSW間の情報共有や連携が、より地域の方々に役立つことが徐々に明らかになってきた。

## 6 5年目はCSWが4圏域8名に
―2013年度のアドバイザー会議―

　2013年度は、4圏域8名に社会福祉士のCSWが増員になり、2回

のアドバイザー会議が開催された。新任者は、日本地域福祉研究所のCSW研修を受講してCSWへの共通認識をそろえた。

アドバイザー会議では、CSW実績や各圏域からの個別事例集積による地域課題の報告、および今後の事業課題の検討となり、スーパービジョンの教育・支援機能より管理機能の比重が増えた。中堅やベテランCSWに新卒のCSWも加わり、今後のCSW増に向けて成果蓄積に努めた。

CSW人数増による活動の分散と集約、各圏域でのCSW相互のパートナーシップ、職員の入れ替わりによるCSW全体の質の確保等、社協組織内で取り組まれたことは多く、詳細は第3章第1節と第4章をご覧いただきたい。

## 7 効果的なCSWの配置とキャリア形成に向けて
### 1 CSWの配置のために
#### 1　地域福祉計画への位置づけ

CSWは、個人や家族にも地域にもかかわるので、住民から行政や関係機関までの連携とネットワーク形成が求められる。その際、その役割やはたらきが市区町村の仕事の一部であることが明確でないと、個人のCSWは動きにくくなる。さらに、「CSWは何者か」という定義や機能が市区町村の地域保健福祉計画に位置づけられることで、その共有も評価もしやすくなる。

さらに地域福祉計画が、「策定時には、地域住民等の意見を反映し内容を公表し」、「定期的に分析評価」を行うことで、CSWの実施状況も評価され実践とそのシステム形成も進む。それが結果として、社会福祉法106条3項の「市区町村の地域福祉推進のための包括的支援体制の整備」の推進にもつながる。豊島区のCSWが、5年間で住民や関係機関の評価を得て発展した要因の一つとして、行政と社協、そして住民や関係機関が地域福祉計画を介して、同じゴールに向けて取り組まれたこと

もあげられるのではないかと考える。

## 2　CSWの概念と方法の共有

　CSW実践には、その概念の共有が、住民や関係機関に対しても、行政や社協内においても重要である。同じ言葉を使っていても、その意味が異なることは社協内においても行政内においても生じた。その対応策の一つとしては、同組織のCSWは同じ研修を受け、同じ用語と方法で使うことで、情報共有や事例検討、および知識や技術伝達も容易になり、組織内教育も進みやすくなる面があった。豊島区のCSWが、5年間で2人から8人増えたが、人数増に応じて実績を拡大したことは、各CSWの創意工夫はもとより、組織的に同じ研修受講により、実践知が共有され蓄積できたことも成功要因の一つではないかと考える。

　CSW実践は、全国の各地域性を活かした取り組みが行われており、その意味づけや方法の共通点は多いが、すべて同じでないこともある。CSWは、各地の地域特性や住民気質、その地域の価値観や文化に寄り添った支援をしており、それがCSWらしい点である[注1]。半面、どの地域でも普遍的な理論や方法を見出し、蓄積し共有することもまた、必要である。

## 3　個人情報の扱い

　CSWが民間団体に委託された場合、個人情報を行政職と同様に扱い守秘義務を守ることは、CSWの個別と地域支援には不可欠である。この権限と義務のないところでは、縦割り行政との連絡調整や、利用者ニーズ中心に分野の異なる人と組織を横につなぐ、CSWの活動は進まないことが、豊島区の取り組みでは明らかだった。

---

注1）2014年のソーシャルワークのグローバル定義では、ソーシャルワークは、「地域・民族固有の知」も基盤として、「生活課題に取り組み、ウェルビーイングを高めるよう、人々とさまざまな構造に働きかける」とされている。CSWもまた、人々と地域に深く入るには、各地域の特徴に合わせたかかわりが不可欠だろう。

## 2 CSW キャリア形成のために

### 1 結果を出すこと

　地域共生社会で CSW の活躍が期待されると、「包括的相談支援体制の構築」や「地域住民主体の課題解決体制」[3] における成果もまた、求められる。豊島区 CSW では、個別と地域アセスメントに基づき、実現可能な目標を設定し結果を出すことで、住民にも行政にも関係機関にも CSW の働きが理解され協力者が増えていった。地域支援の成果や住民主体活動の発展は、成果が得られるまで時間がかかる。しかしながら、実現可能で具体的な CSW の目標設定により少しずつ出された結果は、地域の方々に提示できる。地域の人々の関係性や自分たちが努力した過程だけに満足せず、具体的な結果提示を意識したい。

### 2 個別支援と地域支援のスーパービジョン

　個別支援は、ケアマネジメント経験より熟練した方が多いが、CSW には、地域アセスメントが入り、地域支援も含まれる。また、社協職員の場合、地域支援は強いが、その成果が個別ニーズに結びつかず個人や家族の問題解決にも、地域の問題解決にもならない場合もある。それらは特に、初任者の場合業務のなかでスーパービジョンを受けながら進めるしくみが求められる。中堅者は、スーパーバイズを行うことで支援過程を普遍化し、知識や技術として整理できる意義もある。豊島区の CSW は、最初から CSW とアドバイザー設置が位置づけられ、スーパービジョンを含めた話し合いが行われた。CSW 導入時には、スーパービジョンを含めて業務とすることは、その質と効果性・効率性の向上にも役立つのではないか。

### 3 住民主体の地域課題解決

　CSW は、住民主体の地域課題解決においても、「個別課題」と「地域」を結びつけるためのアセスメントやプランニングを行う。そのために、「キーパーソン把握」、「住民が興味をもつ地域支援事業の立て方」、「最

初のきっかけづくりの重要性」、「単発イベントに終わらない進め方」、「民生委員や住民が参加しやすいプログラム開発」等を工夫しながら進める。これらは、コミュニティ・オーガニゼーションの蓄積も活用できるが、各地域文化を活かし組織内の方法を蓄積し共有することで、引き出しは何倍にも増える。専門のアドバイザーを定期的に依頼し方法を蓄積することも方法の一つである。

### 4 CSW相互のパートナーシップ

　熟練したCSWが同じ仕事を長く継続できればよいが、生身の人間は病気になったり、出産や育児休暇をとったり、配置転換や転勤がある。その際、CSWが交代しても、同じ質のサービスを組織的に提供することは不可欠である。

　そのために、組織内でCSW相互のパートナーシップ形成を図り、情報や記録を共有するしくみや、ピア・スーパービジョンができる関係性を維持したい。CSWは、熟練したソーシャルワーカーが活躍する場面があるとともに、行政や社協組織のなかでサービスの質を保ち、継続的に提供できる持続可能性も求められる時代となった。一人の熟練したCSWがいなくなると、すべてがゼロに戻り最初から信頼と実績を積み上げ、それが繰り返されることがないよう、組織内外での人材育成とスーパービジョンのしくみがCSWのキャリア形成も不可欠である。

## 8 まとめ

　豊島区のCSWが、新規配置から5年間で生じたことをアドバイザーの視点よりまとめた。CSWが住民と地域のために力を発揮するには、CSW実践の向上とともに、市区町村のCSW展開システムの整備が不可欠である。豊島区は、前者をアドバイザーと組織的支援体制によるスーパービジョンを整備し、後者を住民中心に進める行政の創意工夫と、地域福祉計画により組織的・継続的に整備した。本節ではCSWのキャリ

ア形成は、「結果を出す」ために「個別支援と地域支援のスーパービジョン」を行い、それらが「住民主体の地域課題解決」につながり、その過程では「CSW相互のパートナーシップ」が大切であることを述べた。さらに、CSWのキャリア形成を高めるには、行政によるCSW展開システムが重要である。

　効果的なCSWの配置とキャリア形成もまた、CSW個人とその環境の両者への配慮が求められる。

# 第3節 CSWのスーパービジョンの視点と枠組み

　CSWのスーパービジョン定義は、福山和女の「実践家を含む専門職育成の過程、専門職のバックアップの確認作業体制」[4]や、渡辺律子の「ワーカーとクライエント関係のようにスーパーバイジーのニーズに沿って進められる」[5]ことと基本は同じである。しかしながらCSWは、個人と地域の両者にかかわるので、「個を地域で支える援助」と「個を支える地域をつくる援助」[6]両者が求められる。地域基盤のソーシャルワーク実践では、個別支援と地域支援を分ける考え方もあるが、CSWの考え方は、両者をその連続性と循環からとらえることもできる。まず、本論では、後者の考え方に基づき、スーパービジョンの視点と枠組みの活用について述べていきたい。

## 1 豊島区のCSW実践と展開システム

　大橋謙策[7]は、CSW機能は福祉教育も含めて幅広く、地域状況に応じて変わる多機能を有していると述べたうえで、CSW機能として以下の11点をあげている。①ニーズキャッチ（問題発見機能）、②個別支援家族全体の支援機能、③ICF視点を踏まえたケアマネジメントを手段とした自己実現型ケア方針の立案機能、④個別ごとのケアマネジメントにおける専門多職種連携、インフォーマルケアを有機化する個別支援ネットワーク会議の開催機能、⑤ストレングス・エンパワメントアプローチによる継続的なソーシャルワーク実践の機能、⑥インフォーマルケアの開発とその組織化機能、⑦個別支援に必要なソーシャルサポートネットワークの組織化と支援ネットワークのコーディネート機能、⑧サービスを利用している人々の組織化とピアサポート活動の促進機能、⑨個別問題に代表される地域問題の再発予防および解決策のシステムづくり機能、⑩市町村の地域福祉実践に関するアドミニストレーション機

能、⑪市町村における地域福祉計画づくり機能、である。さらに、「これらの機能は、一人のソーシャルワーカーが担う場合もあれば、チームとして組織としてその機能を展開する場合もある。要は、市町村においてCSW機能を展開するシステムが構築されているかが重要」と述べている。豊島区のCSW実践と行政や社協の展開システムは、この考え方に近いといえる。

## 2 CSWの個別支援と地域支援の連続性と循環

　豊島区で主に基本としていたCSWの支援過程は、以下のとおりである（**図表5-2**参照）。まず、個別アセスメント、地域アセスメントに基づき、個別支援計画より地域で暮らす利用者や家族を支援する。その蓄積から、地域共通ニーズを見出し、個人と地域の両者の課題解決につながる地域支援事業を計画し、実施・評価の繰り返しから新しい事業開発につなげる。そして、その事業が課題をもつ個人や家族の課題解決につながり、地域共通ニーズ解決につながっていたかを評価し、継続・改善・終了等の循環となる。この循環に全ケースがあてはまるわけではなく、個別支援で十分な事例もあれば、地域支援からはじまる事例もある。いずれの

**図表5-2　CSWの支援過程**

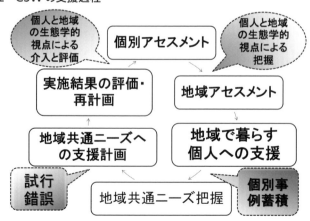

場合も、支援結果が地域課題の解決でだけではなく、個人や家族の課題解決にもつながることも評価する。

　CSW支援過程には、ブロンフェンベルナーの生態学的視点によるミクロからマクロシステムまでの交互作用の考え方も参考になる[8]（**図表5-3**参照）。それは、「個人や家族、個人や家族周辺の人々、個人や家族を取り巻く社会組織との関係、社会的価値やイデオロギーは、各システムと人々の間で互いに影響を受ける」という考え方である。個人や家族の課題解決には、個別支援と共に、近隣地域や関係機関連携による地域支援と、それらにかかわる公的機関の整備により、効果的で持続性のある支援につながる。CSWのスーパービジョンには、この生態学的視点も参考にしている。

**図表5-3　生態学的視点による地域での支援**

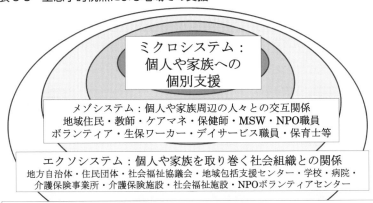

Bronfenbrenner, U.（1979）（磯貝芳郎・福富譲翻訳『人間発達の生態学』川島書店、1996）より作成

# 3 CSW スーパービジョンのポイント
## ―4×4×4モデル―

　そのうえで、個人、小地域、組織、行政区の各レベルについて、それらの関連性を踏まえた CSW スーパービジョンの着目点がある（**図表5-4** 参照）。

　まず、個人や家族レベルでは、**CSW** の個別アセスメント項目の把握、利用者や家族とかかわる多機関との関係性、利用者家族の価値観と支援する自分自身の価値観等の理解をあげる。次に、小地域対応では、地域アセスメントによる地域特性や社会資源の理解、住民やキーパーソンとの関係性である。そして、組織レベルでは、スーパービジョン体制と人材育成、地域福祉計画と関連させた CSW 展開システムの形成があげられる。

　豊島区では、CSW モデル事業の 2 人配置から 16 人まで、5 年間で人数が急増したので、組織内のスーパービジョン体制と人材育成を同時に考えざるを得なかった。同時に、**CSW** が地域の方々や関係機関の評価を得て増員するにあたり、地域保健福祉計画より評価し成果を集約することが求められた。それが結果的に、CSW の展開システム形成につな

**図表5-4　CSW 過程からのスーパービジョンの着目点**

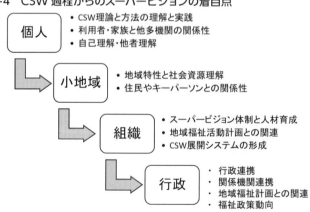

がることを実感しながらの進行であった。

　最後に、行政レベルでは、個別支援の連絡調整は行政や関係機関との連携が不可欠であり、その連絡調整の進め方は、ベテラン研究者からの臨床知を共有させていただく場でもあった。また、地域保健福祉計画との整合性、福祉政策動向と実践をつなぐこともスーパービジョンの着目点であった。

　以上のように豊島区CSWは、福祉政策や行政施策を踏まえ、個別と地域支援を分けずCSWが連続的に行ったので、スーパービジョンの活用もまた、個別や小地域レベルだけでなく、組織や行政レベルともつなぐ媒介の役割も果たすことになった。さらに、スーパーバイザーとバイジーの二者関係だけでなく、小地域・組織・行政等の複数レベルの関係性に着目することで、各レベルの相互作用と循環を高め、CSWの評価と展開システムの発展にも寄与できたのはないかと考える。

　このようなスーパービジョンは、海外では既にモデル化されている。例えば、シェルマンの「スーパーバイザーが、ワーカーと利用者・スタッフ・機関等のシステム間とのやり取りを媒介する」というスーパーバイザーの媒介機能[9]や、モリソンの「スーパービジョンは、4つのステークホルダー、4つの機能、4段階のスーパービジョンサイクルの相互作用により展開する」という4×4×4モデル[注2]と共通点がある。

　モリソンのスーパービジョン定義[10]は以下のとおりである。「スーパービジョンは、他のワーカーと共に働く組織によって与えられた責任のプロセスである。それは、ワーカーがサービス利用者のために、最善の結果を協力して進め、組織的、専門職的、個別的目的を確実に実現するためにある。」

　豊島区では、当初よりアドバイザーが組織的に配置され、地域保健福

注2）モリソンの4×4×4モデルとは、「スーパービジョンが4つのステークホルダー（利用者・職員・組織・関係機関）、4つの機能（マネジメント・開発・支持・媒介）、スーパービジョンサイクルの4つの要素（経験・回想・分析・行動）の相互作用により展開する」という考え方である（日本社会福祉教育学校連盟監修『ソーシャルワーク・スーパービジョン論』中央法規出版、580〜581頁、2015年）。

祉計画によるCSW配置の目的実現に向けて、利用者や地域ニーズに最善の支援ができるように取り組んできた。それは、モリソンのスーパービジョン定義と重なる点も多い。豊島区のスーパービジョン活用もまた、CSW実践とシステム形成と並行して、個別支援だけなく、複数レベル支援への新しいモデルの活用ができたのではないかと考える。

## 4　スーパービジョンと事例検討会

　CSW支援事例は、地域での対個人や家族へのかかわり方に悩ましい事例が少なくない。CSWが相談を受ける事例は、既存制度だけでは対応できない人や、社会的なつながりが弱い人も多いので、アセスメントから社会資源活用まで、既存の方法や社会資源だけでは対応が難しいためである。これらは、日常業務ではスーパービジョンというより事例検討会で議論される。その際、スーパービジョンの視点は活用されるが、事例検討とスーパービジョンを分けて実施することは、多忙で限られた人員と時間内で仕事する現場では、現実的ではない。また、モリソンのスーパービジョンの定義を活用する場合、事例検討を通じて4×4×4モデルの考え方を組織的に共有する意味もある。

　次節では、2016年度に行った豊島区民社協の「CSWの事例検討会」より、CSWスーパービジョン視点を活かし、CSWの成長につながる具体的支援内容と組織的スーパービジョン体制を紹介したい。

# 第4節 CSWの成長を支える スーパービジョンとそのシステム

　本節では、2016年度に豊島区民社会福祉協議会でモデル的に試行したCSWの個別事例の検討会より、以下の3点について述べていきたい。1点目は、**CSW**が対応に悩む項目はどのように分類できるか、2点目は、それらの事例へのスーパービジョンの留意点と具体的質問例はどのように整理できるか、そして3点目には、事例検討会を踏まえ、組織内で持続可能な**CSW**人材育成のスーパービジョン・システム例を紹介したい。なお、事例検討とスーパービジョンについて、本来分けて実施すべきであるが、時間的・人的制約がある現場ニーズに合わせて、事例検討のなかにスーパービジョンの視点を加えて検討した。

　**CSW**の地域支援や地域福祉の基盤づくりには地域アセスメントが不可欠である。豊島区民社会福祉協議会では、これらを組織的に蓄積し共有できるしくみを工夫した。その例が、第3章にも紹介された「トモニーつうしん」や「Story & Map 〜この街で皆と生きてゆく〜」である。地域アセスメントは、住民活動の実態やそこで活躍するキーパーソンの把握が重要であるが、地域に深く入らないと把握しにくい項目である。**CSW**が得た公開可能な地域アセスメント情報は、多くの住民の方々と共有し、さらなる地域活動や人々とのつながりに活用されている。

## 1 モデル事例検討会の方法

　2016年6〜11月までの間、豊島区民社会福祉協議会で9人の社会福祉士資格をもつ**CSW**が担当した9事例について、1事例60分程度の事例検討を実施した。事例助言は、ソーシャルワーク研究者が担当し、その過程は全回、同組織の**CSW**と管理職のみで共有した。

　9事例の事例検討過程は録音し逐語記録を作成し、助言者の重要と思われる指摘とそれに対応するよい質問や応答を逐語記録よりカードワー

クにより抽出し、小・中・大項目に分類した。さらに、分類した項目より検討し、スーパービジョンの留意点、および具体的質問例として整理した。そして、9事例の事例検討過程と留意点、具体的方法に基づき、社会福祉協議会で実現可能なスーパービジョン・システムを検討した。

## 2　9事例の分類

事例検討の9事例は、個人から集団、組織、地域支援まで包括的支援が求められる事例であった。また、児童・障害・高齢等分野を超えた年代の複合事例や、障害認定や診断のない制度の狭間事例が含まれていた。さらに、豊島区の特徴の一つとして、外国人人口が全人口の7.8%（2014年）注3)を占めていたため、外国人支援事例が9事例のうち3事例あった。

カードワークからの分類では、大項目として6点抽出され、それらは①障害児者や親との協働、②地域住民のインフォーマルなつながり、③外国人支援、④アルコール依存とメンタルヘルス課題、⑤知的・発達障害傾向あるが診断ないボーダー層の課題であった。

## 3　スーパービジョンの留意点と具体的質問例

スーパービジョンの留意点としては、大項目として8点抽出された。

8分野のうち最も中項目の抽出数が多かったのが、9点抽出された「CSWと多機関連携」であった。ついで4点抽出された「個別支援の初期対応の重要性」、「本人と家族への配慮」が次いだ。さらに3点抽出の「事例把握の基本事項確認」「グループ支援の視点」「地域共通課題と協働」、2点抽出の「地域ニーズの応えるCSW体制の改善開発」、1点抽出の「ナラティブアプローチの意識化」の順であった。以下8点の大項

注3) 2018年12月1日現在の住民基本台帳による外国人数は、人口比で10.4%に上昇している。

目について、中項目のカード抽出数が多い順に、中項目と具体的質問例を紹介する。

## 1　CSWと多機関連携

　中項目は、「各組織任務、指示命令系統、組織文化を知る」「CSW連携のメリットを提示する」「専門性の高い機関ほど部分を見る傾向を知る」「情報の伝え方、つなげ方を考える」「プロが判断することを把握する」「医療システムとの連携は戦略的に考える」「各機関のベテランSWに相談できる人をもつ」「他専門職への尋ね方を知る」「多職種とCSWのアセスメントをすり合わせる」の9項目が抽出された。

　具体的質問例は、「プロが判断していることきちんと把握してる？」「多機関に情報提供をするときに、どこに焦点をあてた？」「医療や看護等のアセスメントとCSWのアセスメントきちんとすり合わせてる？」「連携先の問題点だけでなく、ストレングスも見つけてる？」「クリニック、学校、子家セン、利用者と家族をつなぐ人が誰もいないとしたら、つなぐのは誰？」「先方が忙しいとき、どうやって尋ねれば真剣に応えてくれるかな？」「情報提供するとき、どこを情報提供すればいいだろう？」「専門性の高い人ほど部位しか見ない傾向はない？」等があげられた。

## 2　個別支援の初期対応の重要性

　中項目では、「インテーク時の見立てと当初のストーリー整理する」「初回介入時のニーズを確認する」「既存社会資源のアセスメントをする」「初期の事例見立てをする」の4項目が抽出された。具体的質問例では、「もう少しその人の背景を教えてもらえる？」「その関りを持ち始めた時のストーリーをどのように整理している？」「訪問してわかったことがたくさんあったと思うけど、どんなことがわかった？」「相手が今まで周囲と良好な関係が築けなかったのはなぜ？」「最初に相手が望むこととCSWが考えることにズレがあるとしたら、どう考えたらいい？」等があげられた。

### 3　本人と家族への配慮

　中項目では、「本人を最優先しそのサポートに必要な人の順位制から考える」「相手への敬意を忘れない」「本人と家族への適度な距離感に配慮する」「家族介入は慎重にする」の4項目が抽出された。具体的質問例では、「この人の生活は、まずどうやって守れると思う？」「利用者にレッテル貼って手助けしてない？」「どーんと中に入ってきたら辛くなっちゃう。もうべったりみたいな感じになってない？」「介入で家族解体の危険も想定してる？」等があげられた。

### 4　事例把握の基本事項確認

　中項目では、「簡潔な事例説明」「メンバー相互に確認」「家族・社会関係の気づき促し」の3項目が抽出され、具体的質問例では、「まずは基本情報を聞かせてください」「同じ地区担当の○○さんはどう？」「本人のまわりにはいろんなグループが背後にあるのは？」等があげられた。

### 5　グループ支援の視点

　中項目では、「グループ形成導入時に注目」「支援される側、する側にもなるグループ作り」「グループ活動発信から同様ニーズを集める」の3項目が抽出された。具体的質問例は、「3人の出会いはどうだったんですか？」「協力者役割もプログラムの作りに大切だけど、それ意識化してますか？」「このグループにメンバー以外の人がなぜ入ったのか？もう少し教えて」等があげられた。

### 6　地域共通課題と協働

　中項目では、「複数事例からの地域共通課題を意識する」「同様ニーズからのサービス評価と改善開発につなげる」「縦組織を横につなぐ協働を促す」の3項目が抽出された。具体的質問例は、「支援学校卒業したばかりの人たちへの地域支援は、どんなことが足りないか？」「対象者や家族を通じて関係機関との関係を地ならしするイメージって描けま

す？」「高齢者の既存プログラムでちょっと合わないってなって感じありますか？」「連携先機関が地域のことどのくらい知ってるかに合わせて話をしてる？」等があげられた。

### 7　地域ニーズの応えるCSW体制の改善開発

中項目では、「CSWの情報発信」と「CSWと自治体総合相談体制との関連」の2項目が抽出され、具体的質問例では、「その仕組みをどのように整理していったらいいでしょう？」「きちんとつくっていないなら何が問題ですか？」等があげられた。

### 8　ナラティブアプローチの意識化

中項目では「相手の価値観で相手の物語から聴き取る」2項目が抽出された。具体的質問例では、「その人の生活文化というか、大切にしているものって何だろう？」「五感を全部通過って情報集めてる？」等があげられた。

## 4　CSW人材養成のスーパービジョン・システムの開発

本研究を行った社会福祉協議会は、社会福祉士をもつCSWが配置されている。その内訳は、地区担当が8圏域に各2名で16名、生活困窮者支援事業担当が5名、生活支援コーディネーターが1名、チーフと課長が各1名である。CSWは、歴史の浅い職種につき熟練者ばかりではないが、スーパービジョンにより相互に支え合い、24名の実践知を集約することで全体の力量を高めることもできる。そのため、スーパービジョンを組織的により効果的で持続可能なものとするため、スーパービジョン・システム（**図表5-5**）が検討された。

図表 5-5　CSW スーパービジョン・システム

（大竹宏和・田中慎吾作成）

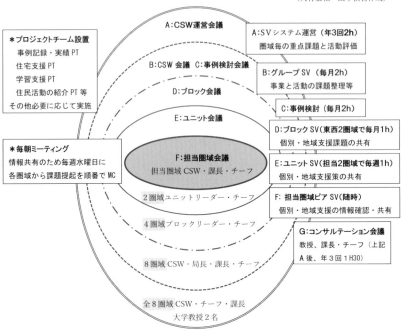

◎CSW育成研修システム：OJT・Off-JT・SDS 推進体制

| 個人ステッププラン作成<br>（自己成長実現計画）<br>課長ヒヤリング | 1．OJT<br>＊社協新任研修<br>2．OJT・SDS<br>a:CSW 新人スタート研修<br>b:CSW 事例研修<br>c:CSW 実地研修（他圏域）<br>d:CSW 大正大学大学院聴講<br>　　　（スーパービジョン演習Ⅰ-Ⅱ） | 3．Off-JT・SDS<br>＊フレッシャートレーナー<br>＊区各部局主催業務研修<br>＊新任職員研修（東社協）<br>＊社協職員基礎研修（東社協）<br><br>SDS：福祉各種研修（全社協・関係機関）<br>精神保健福祉研修（東京都）、各種研究会・<br>講座・講演会の参加等 |
|---|---|---|

## 5 考察

### 1 全世代対象の複合事例

　CSWが担当した事例は、個人から集団、組織、地域支援にわたり、全年代の複合事例や制度の狭間事例が多く含まれていた。モデル事例検討会においても、地域保健福祉サービスの整っている高齢者分野の事例より、障害児者や親、外国人、アルコール依存、知的・発達障害の傾向はあるが診断がないボーダー層と、地域保健福祉サービスの狭間や、地域でのサービス量やその認知が十分でない複合事例が取り上げられていた。CSWは、制度狭間事例や、既存の社会資源では対応が難しい生活課題にも対応しており、CSWを支え、その可能性を伸ばすスーパービジョンが求められる。

### 2 個別支援、グループ支援、地域支援の融合

　事例検討によるスーパービジョンでは、その留意点を「CSWと多機関連携」「個別支援の初期対応の重要性」、「本人と家族への配慮」「事例把握の基本事項確認」「グループ支援の視点」「地域共通課題と協働」「地域ニーズの応えるCSW体制の改善開発」、「ナラティブアプローチの意識化」として抽出した。豊島区のCSWは、岩間（2012）[11]の「個を地域で支える」と「個を支える地域をつくる援助」により「個と地域の一体的支援」がなされようとしていた。

### 3 CSWの成長を支えるスーパービジョンの枠組み

　豊島区のCSWへのスーパービジョンは、利用者や家族とスーパーバイジーとスーパーバイザーの関係性だけでなく、職員、その所属組織、行政を含めた関係機関とのつながりを含めて総合的・包括的支援を進める視点がある。また、スーパービジョンの留意点による具体的質問例では、各レベルでのつながりを円滑に進め、媒介となる問いかけや、CSWへの支持、サービス改善開発の視点が含まれていた。さらに、事

例検討会と実践の連続性は、事例報告者が経験を思い出して言語化することで、分析を進め行動する循環とも重なる。これらは、モリソンの4×4×4モデルと共通点が多い。

　豊島区民社協のスーパービジョン・システムの形成は、利用者や住民のために最善のサービスを組織的な協力のなかで進め、職員が交代しても新人が加わっても、サービスの質を保ち継続的・持続的な支援を進めるしくみととらえることができる。

## 6 CSWの実践力を高める課題

### 1 CSWのスーパービジョンの新しいモデル構築

　CSWは、個と地域を一体的に支援する。従来のスーパービジョンは、ケースワーク中心に発達してきたが、CSWでは、地域や組織とのかかわりも多いので、ケースワーク中心のスーパービジョンモデルでは、収まり切れない部分が多い。田中[12]は、「コミュニティスーパービジョンでは、ニール・トンプソンが述べるように、地域での開発とケア、そして調停や仲裁の機能が求められる」と述べている。豊島区のCSWのアドバイザーとして、スーパービジョンの視点でかかわらせていただくなかで、熟練したソーシャルワーク研究者の方の調停や仲介等の機能を含めた「臨床の知」の一部にふれることができた。そして、豊島区民社会福祉協議会では、スーパービジョン・システムとしてその組織的な持続可能なしくみを形成した。これらは、個人や家族だけでなく、組織や地域、および制度や保健福祉システムとの関連を踏まえたスーパービジョンの枠組みとして、モリソンの「4×4×4モデル」の活用が適用可能であることもわかった。これらの仮説は引き続き、実践の場で検証し、日本型CSWスーパービジョンを検討する必要がある。

## 2 CSWの専門性を高める大学院修士課程での学び

　さて、このCSWの専門性は、学部レベルの社会福祉士課程で習得できるのかというと難しいのが現状である。多様なソーシャルワーク理論は、日本の実践現場に十分に活用されていると言い難い。さらに、個別から組織、地域、さらには地方自治体の保健福祉システムの連続性への介入は、学部レベルでの習得は難しい。すでに、豊島区民社会福祉協議会のCSWは、大学院のスーパービジョン演習を受講している。自信をもってCSWを実践し、時代の変化とともに新しい課題に取り組みさまざまな人や組織と協力して仕事を進めるには、大学院修士レベルの力量が求められるように思う。豊島CSWは、絶え間ない学びと実践の循環により利用者や地域の期待に応える実践を維持している。政策の変化に振り回されず、人と地域のニーズに沿ったサービスや支援提供のためにも、CSWの専門性向上は、今後の人と地域のためにも求められるのではないか。

## 3 人と地域社会に役立つために

　最後に、2015年に川崎で中学1年男子生徒が殺害された事件で、以下の記事を紹介したい。
　『「おばさん、おにぎりある？」公園でホームレス支援に当たる60代女性は、空腹の上村君に何度か、握り飯をごちそうした。（略）』
（神奈川新聞2015年2月17日）[13]

　豊島区でCSWが、2010年に学習支援活動を立ち上げたきっかけが、小学生が夏休みの池袋西口でホームレス支援団体の炊き出しに並んでいたことからだった。その情報は、民生委員児童委員や青少年育成委員を経て、子ども家庭支援センターやCSW等で共有され、「子どもまつり」や夏休み中の居場所づくりから学習支援活動へとサービスが開発された。川崎と豊島は一概に比較できないが、豊島区のCSWは、このような事件や事故予防にも役立っていたかもしれない。人と地域社会のニーズに向き合い、その課題解決や強さを伸ばすCSWの支援が、今後も期待される。

## 引用文献

1) 豊島区保健福祉部『豊島区地域保健福祉計画　平成21年度～平成25年度（2009-2013）』34頁、2009年
2) 同上　95頁
3) 厚生労働省「ソーシャルワークに対する期待について」『第9回社会保障審議会福祉部会福祉人材確保専門委員会　資料』、2017年（https://www.mhlw.go.jp/file/05-Shingikai-12601000-Seisakutoukatsukan-Sanjikanshitsu_Shakaihoshoutantou/0000150799.pdf、最終アクセス：2019年1月15日）
4) 福山和女『ソーシャルワークのスーパービジョン　人の理解と探求』ミネルヴァ書房、196～198頁、2005年
5) 渡辺律子『気づきの事例検討会』中央法規出版、4頁、2007年
6) 岩間伸之・原田正樹『地域福祉援助をつかむ』有斐閣、1-2頁、2012年
7) 大橋謙策「機能」日本地域福祉研究所監、中島修・菱沼幹男編『コミュニティソーシャルワークの理論と実践』中央法規出版、27～37頁、2015年
8) Bronfenbrenner, U. : The Ecology of Human Development, Harvard University Press, 22-26, 1979
9) 社会福祉教育学校連盟監『ソーシャルワーク・スーパービジョン論』中央法規出版、564頁、2015年
10) Morrison, T. : Stuff Supervision in Social Care-Making a real difference for staff and service users- Third Edition, Pavilion Publishing and Media Ltd., 32, 2015
11) 岩間伸之　前掲書
12) 田中英樹「コミュニティソーシャルワークの概念とその特徴」日本地域福祉研究所『コミュニティソーシャルワーク』創刊号、中央法規出版、16頁、2008年
13) 石井光太『43回の殺意―川崎中一殺害事件の深層』双葉社、105頁、2017年

## 参考文献

・大橋謙策ほか編『コミュニティソーシャルワークと自己実現サービス』万葉舎、2000年
・社会福祉法人豊島区民社会福祉協議会地域相談支援課・コミュニティソーシャルワーク担当（CSW）・生活支援コーディネート事業担当編集「Story & MAP ～このまちでみんなと生きてゆく～」社会福祉法人豊島区民社会福祉協議会、2018年（http://toshima-shakyo.or.jp/contents/goannai/story_map.html、最終アクセス：2019年1月15日）
・大正大学社会福祉学会編『大正大学社会福祉学研究室100年史』2018年
・大正大学大学院社会福祉学専攻編『社会福祉実践分析研究報告書』各年度版

- 豊島区民社会福祉協議会『平成21年度第1〜3回CSW事業アドバイザー打ち合わせ報告』、2009年
- 豊島区民社会福祉協議会『平成21年度第4〜6回CSW事業アドバイザー打ち合わせ報告』、2009年
- 豊島区民社会福祉協議会『コミュニティソーシャルワーカー（CSW）配置による新たな取り組み』、2010年
- 豊島区民社会福祉協議会『平成22年度第3回CSW事業アドバイザー打ち合わせ報告』、2010年
- 吉田久一『社会福祉と日本の宗教思想―仏教・儒教・キリスト教の福祉思想』勁草書房、2003年

第 **6** 章

# そして、これから

# 第1節 コミュニティソーシャルワーク・フォーラムの開催

　2015年度に全区8圏域16名体制が達成され、新庁舎も完成し、これまでの成果を共有する「CSWフォーラム」を開催した。2015年12月12日（土）・13日（日）の2日間、豊島区と豊島区民社会福祉協議会の共催で、「このまちでみんなと生きてゆく～コミュニティソーシャルワーク・フォーラム～」が開催された。北は秋田県藤里町から南は沖縄県浦添市まで、延べで462名が参加された。このフォーラムの開催主旨は、以下のとおりである。

　パンフレットの開催趣旨には次のように書かれている。

> 誰もが安心して暮らしていけるように、各種福祉サービスや地域の住民力によりこの地域社会が成り立っていることは周知の事実です。コミュニティソーシャルワークの理念にもとづいた各地域で行われているさまざまな取り組みでは、各地域の特性、また住民の生活課題に応じて、行政や関係機関・団体、地域住民が協働した新たなしくみが生まれ実践されています。
> 併せて、コミュニティソーシャルワークの各社協での展開に向けて、その推進への応援メッセージを発信する機会とします。

## 第1日　2015年12月12日（土）

　初日は豊島区役所1階にある「としまセンタースクエア」で開催され、豊島区民生委員児童委員協議会のコーラスグループである「混声合唱団みみずく」によるオープニングセレモニーに引き続き、豊島区民社会福祉協議会会長の中村丈一氏による開会挨拶で開幕した。
　第一部では、豊島区長であり豊島区民社会福祉協議会名誉会長である高野之夫氏により、「より健康で地域でいきいきと暮らしていける豊島区をめざして」と題して講演が行われた。

高野区長からは、豊島区が人口密度日本一でありながら、日本創成会議から東京23区で唯一の消滅可能性都市に指摘され、大変なショックを受けたこと。そこから区をあげての挑戦がはじまり、短期間でハード・ソフトの両面にわたるまちづくりを押し進め、成功を収めてきたこと、地域保健福祉対策の中心がCSWであったことなどが熱く語られた。

　続く第二部では、豊島区保健福祉審議会初代会長であった、東北福祉大学大学院教授の大橋謙策氏により、「地域自立生活支援とコミュニティソーシャルワーク〜みんなで創る地域づくり〜」と題した基調講演が行われた。大橋氏は基調講演で、本人のニーズを起点に支援していかなければならないこと、地域をあげた議論が必要であること、個別のソーシャルサポートネットワークをつくっていかねばならないことなどを話された。

## 第2日　2015年12月13日（日）

　2日目は大正大学に会場を移し、第三部では三つの分科会に分かれ、パネルディスカッションが行われた。

　第1分科会では文京学院大学人間学部准教授の中島修氏を中心に、「コミュニティソーシャルワークによる支え合いのしくみづくり」をテーマに話し合いが行われた。また、第2分科会では大正大学名誉教授の石川到覚氏を中心に「コミュニティソーシャルワーカーの人材育成」、第3分科会では大正大学人間学部教授の神山裕美氏を中心に「社会的孤立を防ぎ地域力を高めるコミュニティソーシャルワークの展開」をテーマに話し合われた。

　続く第四部では、豊島区保健福祉審議会の二代目の会長である早稲田大学人間科学学術院教授の田中英樹氏が登壇し、「未来を拓くコミュニティソーシャルワークのめざすもの」と題し、フォーラムの最終公演が行われた。田中氏からは、CSWは人々の暮らし、地域の希望、未来を切り拓いていく、未来に向かった地域の護民官であるとの話がされ、また、CSWの発展のためには、人づくりと環境整備が今一番求められている課題であると問題提起された。

# 第2節 地域保健福祉計画の改定

## 1 地域保健福祉計画の改定

　豊島区では、2018年3月に「豊島区地域保健福祉計画」を改定した。

　この計画は、「個人の尊厳が守られ、すべての人が地域でともに支え合い、心豊かに暮らせるまち」を基本理念に据え、2005年3月に初めて策定したものである。

　国では2016年に「地域共生社会」の実現を掲げ、全国に展開していこうとしている。一方、豊島区においてはその10年以上も前から、地域共生社会実現に向けた取り組みを実践してきており、その目玉がCSWであった。

　CSW導入の検討をはじめた2008年から10年以上が経過したが、この間、東日本大震災の発生、人口減少社会への突入、2020年の東京オリンピック・パラリンピック競技大会の開催決定など、区を取り巻く環境は大きく変化してきた。

　一方、少子高齢化が一層進展するなかで、子ども・子育て支援新制度の開始、介護保険制度の改正、障害者差別解消法の施行、生活困窮者自立支援制度の本格実施など、保健福祉に関する制度等も大きく変わってきている。

　これらの制度改正に着実に対応しつつ、制度の狭間や複合的な課題に積極的に取り組むことにより、区民一人ひとりが安心して暮らし続けられるまちづくりを進めていくため、地域保健福祉計画を全面改定したものである。

## 2 区政の進展

　さて、この10年は、豊島区が大きく変わった時期であった。

厳しい財政状況のなか、文化によるまちづくり、安全・安心のまちづくりを進め、人口も着実に増加してきた矢先の2014年5月、豊島区は、日本創成会議から東京23区で唯一「消滅可能性都市」の指摘を受けた。

　区は、この指摘の背景にある人口減少問題を日本全体の問題ととらえ、女性にやさしいまちづくり、高齢化への対応、地方との共生、日本の推進力の4本の柱を立て、迅速にその方策を講じてきた。

　その成果として、2017年4月、2018年4月と、2年連続で「保育園入園待機児童ゼロ」を達成した。これは住宅地を多く抱える区のなかでは最も早い達成である。また、すべての小学校で夜7時まで学童保育を受けられる「子どもスキップ」は、働く世帯の大きな支えとなっている。

　このような子どもと女性に優しいまちづくりが評価され、豊島区は、2017年末に民間調査機関による「共働き子育てしやすい街ランキング」で全国1位となった。

　一方で、ハード・ソフトの両面で、文化によるまちづくりが進んでいる。

　2015年5月、区民待望の豊島区の新庁舎が開庁した。新庁舎は、市街地再開発の手法を活用し、「商業・業務」、「行政」、「住宅」が一体となった、これまでの庁舎の常識を打ち破る画期的な施設である。この整備が成功したことで、周辺地域におけるまちづくりの機運は大いに高まった。

　さらに、2015年7月には、池袋駅周辺が特定都市再生緊急整備地域に指定され、8月には国家戦略特区として指定を受けた。豊島区は、2020年東京オリンピック・パラリンピックに向けた国際的拠点として、国家的プロジェクトのなかに位置づけられた。

　2020年までには、東池袋の庁舎跡地エリア「Hareza池袋」にさまざまな文化芸術作品が上演・上映される八つの劇場が完成し、国際的な文化とにぎわいの拠点が誕生する。また、池袋駅周辺の四つの公園では、野外のイベント等が開催可能になる整備が進んでいる。さらには各公園を結ぶ電動バスを導入するほか、歩行者空間も充実させ、訪れた方々にまちを回遊する楽しみを広げていく。

　そして、豊島区は、日中韓3か国による国際文化事業「東アジア文化

都市」の2019年国内都市に選ばれた。このような国際的文化事業を開催するのは大きなチャレンジであり、これにより、2020年の東京オリンピック・パラリンピックに向け、国内外に「国際アート・カルチャー都市としま」をアピールしていこうとしている。

## 3 地域保健福祉を取り巻く状況

　この間、少子高齢化や核家族化の進展、単身世帯の増加、プライバシー意識の高まり等を背景として地域住民のつながりの希薄化はますます加速するとともに、価値観の多様化、格差の拡大などにより、地域社会を取り巻く環境は大きく変化し続けている。

　そのような状況のなかで、ひきこもり、8050問題、ごみ屋敷、虐待、孤立死、貧困の連鎖など、さまざまな社会問題が表面化している。これらの多様で複雑化した課題は行政で対応できる範囲をはるかに超えており、改めて地域での支え合いや福祉コミュニティ形成の重要性が問われている。

　一方で、社会に貢献することに関心をもち、地域の課題に自発的に取り組むボランティアやNPO法人などによる活動も年々広がりを見せ、保健福祉分野だけに限らず、さまざまな分野で活動が展開されてきている。

　今後の地域保健福祉を推進するためには、何よりも支援を必要とする人の立場から、行政と区民や活動団体、民間企業も含めた地域の力を結集することが重要になってきている。

## 4 区民の実態把握

　豊島区では、地域保健福祉計画の改定に先立ち、四つの調査を実施し、区民の実態把握に努めた。

## 1 地域保健福祉計画改定のための区民意識・意向調査

【主な調査結果】

○「支え合いや助け合いの必要性」について、約8割の人が「必要だと思う」と回答している。住居の種類別では「共同住宅(分譲マンション等)」、近所付き合いの程度別では「親しく付き合っている人」でそれぞれ最も多くなっている。

○「支え合いや助け合いに必要な取り組み」について、年代別でみると、50歳代以下では「地域の人が気軽に集まれる場所をつくること」、60歳代以上では「町会や自治会が中心となって住民相互の交流活動を進めること」がそれぞれ最も多くなっている。

○「地域活動への参加意向」について、年代別でみると、20歳代では「時間に余裕がもてるようになったら参加してみたい」、30歳代以上では「興味のもてる活動があれば参加してみたい」との回答が多くなっている。

○「地域の保健福祉の推進で力を入れてほしいこと」について、上位より「いつでも気軽に相談できる相談体制の充実」、「認知症高齢者にかかる支援の充実」、「保健・福祉にかかわる専門性の高い人材の育成と確保」と続いている。相談支援体制、認知症支援、専門的人材の要望が多くなっている。

○「育児や介護」について、「育児のみをしている」との回答は、年代別では30歳代(40.0%)で最も多く、「介護のみをしている」は50歳代(20.5%)で最も多くなっている。「育児と介護の両方をしている」という、いわゆるダブルケアの回答は、最多が40歳代となっている。

## 2 介護保険アンケート調査

【主な調査結果】

○地域住民の有志による地域づくり活動等への「参加者」としての参加意向について、性・年代別でみると、参加意向割合は男性65〜

69歳で65.9％と最も高くなっている。また、「企画・運営」としての参加意向割合も、男性65〜69歳で49.2％と最も高く、支援の担い手としての潜在的な可能性がうかがえる。
○在宅生活について、どの状態においても在宅での暮らしを望んでいることから、家族等介護者支援を含め、在宅生活を継続できる支援体制の必要性がうかがえる。一方で、介護付き住宅への住み替えや介護施設への入所希望者も一定の割合いることから、在宅サービスと施設・居住系サービスのバランスを考えた基盤づくりの必要性がうかがえる。
○不安に感じる介護等の内容について、家族等介護者では入浴・洗身に次いで「認知症状への対応」があげられている。関心ごとでは、認知症の予防に効果的な方法や兆候を早期発見する方法がともに多く、また相談相手は家族に次いで「かかりつけ医」、「専門医」が多くなっている。認知症の知識の啓発や予防、早期発見の必要性がうかがえる。

## 3 障害者等実態・意向調査

【主な調査結果】
○相談窓口の対応の満足度は、全体では「満足」は65.4％となっている。一方、「不満」は17.1％となっている。不満の理由は、「十分な助言が得られない」、「窓口がわかりづらい」などがあげられ、職員のスキルアップや事業の周知を進めていく必要がある。
○障害者に対する差別は、全体では「感じる」は31.8％となっている。一方、「感じない」は59.6％となっている。障害区分別にみると、「ときどき感じる」は視覚障害と聴覚障害で3割台と他の区分より多くなっており、ハード面に加え、情報バリアの解消も求められている。
○現在の就労状況と今後の就労意向は、全体では「今、仕事・作業等をしており、今後も続けたい」が49.3％と多く、他を含めた「仕事をしている」は57.1％となっている。精神障害者で「今、仕事・作

業等をしていないが、今後仕事をしたい」は 25.5％、聴覚障害者で「今仕事・作業等をしているが、仕事は変えたい」は 13.0％と他の区分より多くなっており、就労機会や障害の特性に応じた多様な就労の場の確保が求められている。

## 4 健康に関する意識調査

【主な調査結果】
　○健康について関心のあることとしては、「食事と栄養のバランス」が 72.9％と最も高く、次に「適切な運動やスポーツ」が 62.9％であった。また、ほぼすべての項目で 3 年前の調査結果を上回っていた。
　○ストレスを感じている人について、「いつも感じていた」と「ときどき感じていた」をあわせた回答の割合は女性 87.5％、男性 75.7％となり、女性の方が高い結果となった。また、経年変化としては、3 年前の調査結果と比べて男女とも増加した。

# 第3節 豊島区版「地域共生社会」の実現に向けて

## 1 豊島区版「地域共生社会」

　現在、国は「地域共生社会」の実現に向けて、地域住民や多様な主体が地域の課題に「わがこと」として取り組み、行政は分野別の相談支援拠点を集約し、集約した拠点で何でも「丸ごと」対応できる体制の構築を掲げている。

　一方、豊島区では、これまでも多職種・多機関の連携を推進し、制度の狭間の課題や複合的な課題に対応する体制を整えてきており、また、そのような相談支援体制を基盤としつつ、CSW、地域区民ひろばといった強みを活かして、各地域で区民等が主体の地域活動が多く行われてきている。

　国が提唱する包括的相談支援拠点を中心とする地域共生社会は、人口減少が続く地方において限られた社会資源を効率的に活用することを主眼としているが、人口増加が続き、それぞれの社会資源の利用者が多い豊島区においては、国が示す1か所ですべての相談支援を完結するような拠点は効果的ではないと考えた。

　そこで、日本一高密な持続発展都市である豊島区としては、本区の地域特性にあった、豊島区ならではの地域共生社会を実現することを地域保健福祉計画の柱として掲げた。

## 2 区民の支援ニーズに目を向けた目的別の施策体系

　豊島区ではこれまで、高齢者分野における地域包括ケアシステムを構築し、高齢者総合相談センター（地域包括支援センター）を中心に多職種・多機関の連携による包括的な支援、地域ケア会議を核とする地域連携、充実したネットワークづくりを推進してきた。

地域包括ケアシステムにおける支援の包括化、地域連携、ネットワークづくりは、これからの地域共生社会の実現に向けてのベースとなる考え方、しくみであり、今後も現在の取り組みを着実に進めつつ、「必要な支援を包括的に提供する」という考え方を地域保健福祉全体に広げ、多様なニーズをすくい取る「総合的な地域包括支援体制」を構築していく必要がある。

　また、区の基本計画で目指す都市像「国際アート・カルチャー都市」には、それを支える安心戦略「安全・安心創造都市」と、保健福祉を含む分野横断的な都市像である「福祉健康増進都市」が示されている。

　これらの実現には、基本計画で掲げる政策や施策との連携を高めるとともに、関連する分野別計画との一体的な施策・事業展開により、これまで取り扱っていた高齢、障害、保健分野に限定しない包括的な取り組みが求められる。

　そこで、これらの動きを踏まえ、地域保健福祉計画における支援の対象を、高齢者、障害者、子どもといった属性別ではなく「支援を必要とする人」として包括的にとらえ、施策の体系を個人のみならず家族や世帯が抱える「生活課題」に目を向けた目的別の構成に改めた。

　新しい地域保健福祉計画では対象とする「生活課題」に、従来の保健福祉分野の周辺にまたがる課題や一部を共有する複合課題も広く含めることで、生活課題へのアプローチ力を高め、より健康に地域で生き生きと暮らすという視点から、制度の狭間等にある人々への支援策を講じていくこととしたところである。

## 3 豊島区の特性を踏まえた連携と協働による地域保健福祉の推進

　豊島区は、区内全域が市街地でつながる日本一の高密都市であること、人口の流動性が高いこと、単身世帯、特に一人暮らし高齢者の割合が高くなっていること、外国人の割合が高いことなど、都市的特徴が顕著で

ある。

　これらを背景として、オートロック式のマンションの増加、町会・自治会の加入率の低下、近所付き合いの希薄化など、これまでのようなコミュニティによる支え合いが難しくなりつつある。

　一方、区民意識調査で子育てや介護などの負担が重なる40代が特に疲弊しているという結果が出るなど、これまでのような一部の弱者・困窮者を救済するという福祉観においては支援の対象と見られてこなかった人々への対応も、大きな課題となってきている。

　そこで、地域のなかにおいて福祉を特別なものとするのではなく、地域社会を「福祉コミュニティ化」していくといったとらえ方のもと、区民、民生委員児童委員、青少年育成委員、町会・自治会、商店会、社会福祉協議会、社会福祉法人、民間企業、NPO法人、ボランティア、大学・専門学校などの多様な主体と区との連携と協働による地域保健福祉を推進していくこととした。

## 4 区としてCSWに求めること

　これらの状況を踏まえ、区としてCSWに求めることを改めて整理し、地域保健福祉計画の第一番目の施策に「新たな支え合いの推進とコミュニティソーシャルワーク機能の強化」として位置づけた。

　具体的な取り組み方針として、次の7点を並べている。

① コミュニティソーシャルワーカーは、地域住民や地域の社会資源と連携・協力して、支援を必要とする人への多角的な見守りやニーズの早期発見に向けて取り組むとともに、専門相談支援機関へのつなぎ役を果たす。
② 課題を抱える個人や家族に対する包括的な相談支援などの「個別支援」や地域のさまざまな団体が行う日常活動へのかかわりなどを通じて地域の実態把握に努めるとともに、生活環境の改善や地域住民

の組織化等の「地域支援」を統合的に展開することにより、地域づくりや必要な資源開発を行っていく。

③高齢者、障害者、子どもなどの分野ごとでは対応が難しい制度の狭間の課題や複合的な課題を抱えた人々に対しては、民生委員児童委員、青少年育成委員、保護司、高齢者総合相談センター（地域包括支援センター）等の関係機関と連携して支援を行っていく。

④町会・自治会や民生委員児童委員などとの連携をより一層高め、これまで以上にきめ細やかな相談支援を行うため、コミュニティソーシャルワーカーを増員し、町会・自治会の12地区を基礎単位として、12地区ごとの地域区民ひろばに配置していく。また、将来的にすべての地域区民ひろばに配置することを含めて検討するなど、コミュニティソーシャルワーカーの充実を図っていく。

⑤担当地区内のすべての地域区民ひろばで曜日を決めて巡回相談窓口を開設するなど、区民により身近な地域の相談先としての機能を高める。

⑥区は、コミュニティソーシャルワーカーのコーディネートや資源開発の強化に向け、情報の提供、関係機関との連携強化、人材の育成、活動の周知など、必要な支援を行っていく。

⑦区は、各分野の専門職やコミュニティソーシャルワーカーの連携・協働による活動事例を蓄積・共有し、コミュニティソーシャルワーク機能の強化を図る。

図表6-1 CSWと地域づくりのイメージ

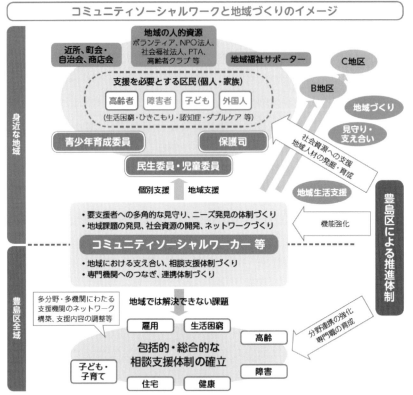

出典:「豊島区地域保健福祉計画」

# 第4節 CSWの発展に向けて

## 1 CSWの展開

　豊島区が2009年度にCSWのモデル事業を開始して以来、ちょうど10年が経過した。当初の2名から段階的に配置数を増やし、2018年度は区内8か所の地域区民ひろばに、合わせて18名を配置している。豊島区地域保健福祉計画では、今後、町会・自治会の区域に合わせ、24名まで増員することとしている。

　この間、地域のなかで認知されるとともに、一定の評価を得られ、豊島区のCSWの取り組みは、これから第2段階を迎える。

　他の自治体でもさまざまな形態でCSWが配置されているが、他自治体と比べて豊島区の強みは4点ある。

　①全員が専任であること
　②全員が社会福祉士又は精神保健福祉士等の専門職であること
　③全員が区民に身近な地域区民ひろばに配置されていること
　④区と社会福祉協議会が緊密に連携していること
である。

　常に地域にいるからこそ顔の見える関係ができ、気軽に相談してもらえている。今後の課題は人づくりと環境整備である。

## 2 人づくり

　導入当初はベテランのワーカーが中心であったので、もともとスキルが高く、地域に溶け込むのも早かった。しかし、短期間で急速に人数を拡大してきたので、新たに採用するなど、経験の浅い職員が増えてきており、人材育成が課題となっている。

　豊島区のCSWはこれまでもチーム制をとっており、一人ひとりが孤

立することなく、チームのなかで、組織のなかで実務を経験しながら、事例検討会議等を通じて OJT を実践してきたが、今後は育成計画を策定するなど、より計画的に実施していくことも必要である。

また、OFF-JT として大正大学大学院で「スーパービジョン演習」を履修してきたが、今後さらにこれを一歩進め、全員が大学院に進学し、実務を経験しながら、より高い専門スキルを身につけることも有効であると考えられる。

さらに、**CSW** には、個別アセスメントや地域アセスメントといった専門スキルばかりではなく、地域に入る力や行政・社会等に対する幅広い理解なども求められる。一方、行政側も、近年は現場業務の外部化が進み、現場経験の乏しい職員が増えてきていることが課題であった。

そこで、豊島区では、区と社会福祉協議会の間で職員を相互派遣し、区職員が **CSW** に従事し、社協職員が区の窓口業務等に従事することにより、双方のスキルアップを図ろうとしている。

## 3 環境整備

**CSW** が活動するためには、周囲の理解が欠かせない。この間、地域の中で活躍し、一定の評価を得られてきたものの、何をやっているのかわからないという声も少なからずある。

そこで、区としても、地域保健福祉計画の第一番目の施策として記載するなど、**CSW** を地域福祉行政の中心として位置づけてきているが、今後、地域のなかでさらなる活動周知が必要である。

また、地域社会に理解してもらうためには、**CSW** 自身が実績を残していくことも大変重要である。自身のスキルアップを図るとともに、積極的に地域のイベント等に顔を出し、地域にとって欠かせない存在であると認知してもらう必要がある。

コミュニティソーシャルワーク・フォーラムの結びに、早稲田大学人

間科学学術院教授の田中英樹氏は次の言葉を残している。
　「我々の仕事の場所は地域である」

資料

1945年以降（戦後）における社会福祉関係の主な動き

## 1945年以降（戦後）における社会福祉関係の主な動き（介護保険を含む）

| 西暦 | 和暦 | 高齢者分野（介護保険を含む） | 障害者分野 | 低所得者分野 生活保護費国庫負担が3/4に | 子ども分野 ※児童の権利に関する条約 | その他 ※は国際連合の動き |
|---|---|---|---|---|---|---|
| 1989 | 平成1年 | ゴールドプラン策定 | | | | 年金制度改正（完全物価自動スライド、国民年金基金） |
| 1990 | 平成2年 | 老人福祉法改正（老人福祉計画、デイサービス、ショートステイ） | | | | 社会福祉関係8法改正（在宅福祉サービスの推進） |
| 1991 | 平成3年 | 老人保健法改正 | | | | |
| 1992 | 平成4年 | （訪問看護制度） | | | | 福祉人材確保法制定 |
| 1993 | 平成5年 | | 障害者基本法（心身障害者対策基本法名称変更）障害者対策に関する新長期計画 ※アジア太平洋障害者の10年（～2002） | | | 福祉用具の研究開発普及促進法 |
| 1994 | 平成6年 | 新ゴールドプラン | ※障害者の機会均等化に関する標準規則 | | エンゼルプラン | 地域保健法制定（保健所法名称改正）健康保険・年金法改正 付添看護の解消、60歳前半の老齢厚生年金見直し 21世紀福祉ビジョン ハートビル法 |
| 1995 | 平成7年 | 高齢社会対策基本法施行 | 障害者プラン | | | |

1945年以降（戦後）における社会福祉関係の主な動き

| 年 | | | | | | |
|---|---|---|---|---|---|---|
| 1996 平成8年 | | | （ノーマライゼーション7か年戦略）<br>精神保健及び精神障害者福祉法（名称変更） | | | 年金法改正<br>（基礎年金番号導入：平成9年1月実施） |
| 1997 平成9年 | 介護保険法制定（施行は平成12年度） | | | | 児童福祉法改正<br>（児童家庭支援センター事業が第2種事業に） | 精神保健福祉法 |
| 1998 平成10年 | | | 知的障害者福祉法（精神薄弱者福祉法名称変更） | | | |
| 1999 平成11年 | ゴールドプラン21 | | | | 新エンゼルプラン | |
| 2000 平成12年 | 介護保険法施行 | 生活保護法改正（介護扶助創設） | 「社会的な援護を必要とする人々に対する社会福祉のあり方に関する検討会報告書」 | | 児童虐待防止法制定<br>健やか親子21 | 交通バリアフリー法 |
| 2001 平成13年 | | | | | 児童福祉法改正（認可外保育施設監督強化） | DV防止法 |

資料

255

## 1945年以降（戦後）における社会福祉関係の主な動き

| 西暦 | 年号 | 高齢者 | 障害者 | 低所得・生活保護 | 児童・家庭 | 保健医療・その他 |
|---|---|---|---|---|---|---|
| 2002 | 平成14年 | | 身体障害者補助犬法制定／障害者基本計画／重点施策実施5か年計画 | ホームレス自立支援特別措置法 | | 健康増進法制定（栄養改善法廃止） |
| 2003 | 平成15年 | | 支援費制度（精神障害者は対象外）※アジア太平洋障害者の10年（～2012） | | 次世代育成支援対策推進法制定／少子化社会対策基本法／児童福祉法改正（市町村保育計画等） | 医療観察法制定 |
| 2004 | 平成16年 | | 特定障害者に対する特別障害給付金支給法／発達障害者支援法制定 | 生活保護制度の在り方に関する専門委員会報告書 | 子ども・子育て応援プラン | |
| 2005 | 平成17年 | 介護保険法改正（介護予防サービス・地域密着型サービス）／高齢者虐待防止法制定（虐待の定義、保護措置など） | 障害者自立支援法制定（障害種別にかかわらず一元的な共通サービス） | 生活保護費の見直し（母子加算の段階的廃止）（1年目） | | 個人情報保護法施行 |
| 2006 | 平成18年 | 老人保健法（名称改正）高齢者医療確保法とされる | ※障害者の権利に関する条約 | | 就学前の子供に関する教育保育総合提供推進法（認定こども園の創設） | |
| 2007 | 平成19年 | | | | | 健康保険法等改正（後期高齢医療制度：平成20年度から実施）／バリアフリー新法／自殺対策基本法／がん対策基本法 |

# 1945年以降（戦後）における社会福祉関係の主な動き

| 年 | | | | | |
|---|---|---|---|---|---|
| 2008 平成20年 | | 重点施策実施5か年計画 | 生活保護費の見直し（要保護世帯向け長期生活支援資金新設） | 学校教育法改正（特別支援教育） | |
| 2009 平成21年 | 介護保険法改正（介護サービス事業者の業務管理等） | | 生活保護費の見直し（母子加算4月段階的廃止完了、12月復活、生活福祉貸付制度の再編） | 児童福祉法改正（子育て支援事業の法定化等）・青少年育成施策大綱 | |
| 2010 平成22年 | | 障害者虐待防止擁護者に対する支援法制定 | | 子ども・若者育成支援推進法・子ども・若者ビジョン・子ども手当創設 | |
| 2011 平成23年 | | | | 民法改正（最長2年間の「親権停止」創設） | |
| 2012 平成24年 | 介護保険法改正（複合型サービスの創設等）・高齢社会対策大綱（閣議決定）・オレンジプラン | 障害者総合支援法制定・精神保健福祉法改正（施行は平成26年度）・（医療保護入院制度の見直し等）・障害者総合支援法（障害者自立支援法名称変更） | | 児童手当法改正・児童福祉法改正（通所・入所支援の再編）・子ども子育て支援法 | 社会保障と税の一体改革関連8法・地域主権推進大綱 |

## 1945年以降（戦後）における社会福祉関係の主な動き

| 年 | | | | |
|---|---|---|---|---|
| 2013 平成25年 | | ※アジア太平洋障害者の10年（～2022）障害者差別解消法（施行は平成28年度） | 生活保護法改正（就労自立給付金の創設等）生活保護費の見直し（保護基準額の見直し）生活困窮者自立支援法制定 | 子どもの貧困対策推進法制定（施行は平成26年1月） | マイナンバー法（平成27年1月から順次） |
| 2014 平成26年 | | | | 子どもの貧困対策に関する大綱 | |
| 2015 平成27年 | 介護保険法改正 日常生活支援総合事業等 新・オレンジプラン | | | | |
| 2016 平成28年 | | | | 子ども・若者育成支援推進大綱 児童福祉法の改正（しつけを名目とした児童虐待の禁止等） | |
| 2017 平成29年 | | | | | |
| 2018 平成30年 | 介護保険法改正 | | 生活保護法改正（保護基準額の見直し）・生活困窮者自立支援法改正（子どもの学習支援事業強化等） | | |
| 2019 平成31年 | 地域包括ケアの深化（医療介護連携） | | | | |

# 序章第 2 節　参考図表

　社会福祉協議会は時々の社会経済状況に合わせて、「運動型」、「事業型」、「総合支援型」と活動様式を変遷させてきたが、それは組織構造にも表れている。その過程を、典型的な姿に図式化すると、下記のようになる。（※典型例であり、特定の社協ではない）

## 1　運動型の社会福祉協議会　1960 年代～

　公害問題や保育所不足問題など高まる生活福祉要求を背景に、生活ニーズの把握をはじめ、対自治体交渉や請願・陳情運動など、コミュニティワークやソーシャルアクションを実践する社会福祉協議会が現れた。しかし、組織構造は脆弱なままであった。

| 共同募金・歳末助け合い募金 |
| --- |
| 家庭相談・生業資金貸付 |
| 福祉イベント |
| 福祉功労者表彰 |

これらを、自治体庁舎内の事務所で少数の職員が担当

## 2　事業型の社会福祉協議会　1980 年代～

　在宅福祉の 3 本柱である、ホームヘルプサービス・デイサービス・ショートステイサービスの資源整備を重点に掲げる社会福祉協議会が生起した。こうした「事業型社協」は、「措置から契約」への移行を背景に、他の一般社会福祉法人と競合するようになっていった。一方、関係機関を結ぶコーディネートの役割も求められるようになった。

＊ただし、豊島区においては幼児・児童施設については社協は開設していない。

| 総務担当（1 の時代の業務を担当） |
| --- |
| 計画推進担当 |
| 家事サービス担当 |
| ボランティアセンター担当 |
| 高齢者施設（デイサービス等） |
| 幼児・児童施設 |

これらの業務を、施設の専門職も含めて、相当数の職員で担当

## 3 総合支援型の社会福祉協議会　1990年代後半〜

　福祉事業の計画作りから福祉教育や地域づくりも射程に入れた「総合支援型社協」が生まれてきた。CSW事業の歴史と関連付けるなら、先行する自治体でコミュニティソーシャルワークについての理論化が進んだ時期と重なる。組織構造的には、地域相談部門が創設された。あわせて、介護保険法施行に伴い地域包括支援センター業務を行うことも多い。

※豊島区においては、組織を見直し、施設型サービスを他の社会福祉法人に委譲した。

| |
|---|
| 総務担当（1の時代の業務を担当） |
| 計画推進担当 |
| 家事サービス担当 |
| ボランティアセンター担当 |
| 地域包括支援センター |
| CSW事業担当 |

これらの業務を、地域常駐職員も含めて、相当数の職員で担当

## 豊島区民社会福祉協議会組織図（平成 30 年度）

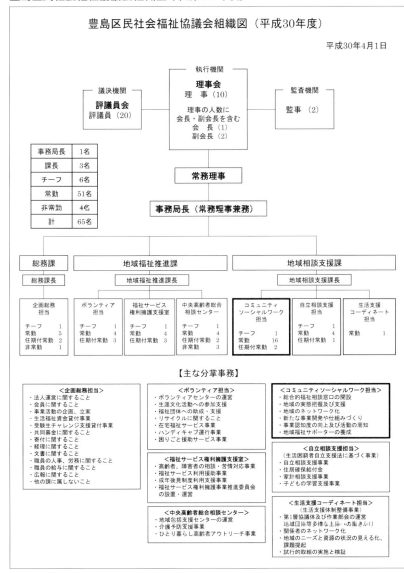

# あとがき

　この書籍は、東京23区の西北部、池袋を中心とする日本一人口密度が高く、75歳以上人口に占める単身者の割合が23区で（離島などの小規模自治体を除けば全国でも）最も高い豊島区で、CSW事業創設にかかわった実務家と研究者のグループによって創出されました。

　豊島区でのCSW事業創設の取り組みは、福祉行政・社会福祉協議会・地域福祉研究者の有機的な協力体制で進められたことが特徴であり、その長所はこの書籍の編集執筆委員にも表れています。編集執筆委員は、行政職員2人、社協職員3人、研究者3人、社協OB2人の構成なので、CSW事業を語るにあたっては最高のバランスであると自負しています。

　CSW事業の理論と実践を生み出したのは、豊島区職員と豊島区民社会福祉協議会職員の熱意と、それをサポートする研究者との結束でした。しかも、その結束のありようは、とてもユニークなものでした。このメンバーは折にふれてCSW事業についての話し合いを繰り返し、研修旅行を行ってきました。この書籍を出版しようという着想も、そうした研修旅行の帰り道、金沢から東京に向かう北陸新幹線の車中で生まれました。

　本文のなかでも詳述されていますが、豊島区のCSW事業は、「地域保健福祉審議会」での長期間にわたる緻密な論議を経て創設されました。今回の編集執筆委員は、この審議会にかかわるうちに自然と集うようになった「CSW事業を熱く語る者たち」といえます。学識経験者として、行政代表として、また社協代表として参加しているうちに、自然に集まり、研修旅行までするようになったのは不思議な縁です。これは、地域保健福祉審議会前会長である大橋謙策先生（社会事業大学名誉教授）の時代からの雰囲気を継続したことと、現会長の田中英樹先生（早稲田大学教授）や石川到覚先生（大正大学名誉教授）のお人柄に惹かれてのことと思われます。

　筆者のひとりは地域保健福祉審議会に11年間かかわりましたが、編集執筆委員の誰もが、それぞれ長期にかかわっているのも特筆すべきでしょう。これは、行政の審議会では珍しいことかもしれません。じっく

りと福祉に向き合うことを是としている豊島区の長所であると言えます。思い返せば、CSW事業についての論議はいつも白熱の展開でした。会議中、激論になることも珍しくなく、後輩たちにも引き継ぎたい、よい思い出です。

　CSW事業を社会に根づかせるという本書に込めた目標は同じですが、細かなことまで決めるということはしていません。あくまでも「熱く語る」ことと、「実証的に」勉強することが基調となっています。

　ところで、私たちの研修旅行は、1回目が函館、2回目が金沢でした。北海道新幹線と北陸新幹線に乗りたいという、編集執筆委員内の鉄道好きの強い希望によるものです。地域を拓き地域をつなぐ新幹線に、現代の地域福祉を進めていく力強いイメージを感じたからです。かつて、北海道の開拓を象徴する「開拓使列車」という鉄道列車が、北の大地を疾駆していました。大地を開拓し、地域社会をつくり出す人々の支援のための列車でした。私たちは、疾走する新幹線の車中で、「開拓使」をCSWのイメージに重ね合わせていました。

　この書籍は『現代福祉の開拓使』という仮称のもとで、執筆者たちは各章に魂を吹き込み、育んできました。正式な書名とすることは、書店でこの本に出合った方にとっての《わかりやすさ》の観点で諦めましたが、CSWが地域の福祉課題を、地域の方々とともに切り開いている様子は、特に第3章などをご覧いただければ、読者の皆様にもご理解いただけることと思います、また、議会や民生委員児童委員などの後押しがCSWの活躍の苗床になったことは、第1章、第2章を通じてお伝えしたかったポイントです。今後は、CSWとして現場を担っている職員にも研修旅行に参加してもらい、「次世代の開拓使」たちと、より実践的な論議ができればと、次の計画をしています。

　この書籍は、「CSW事業を創設したい自治体にとって実際に役に立つこと」「現場のCSWが孤立しないしくみを多くの自治体と共有すること」を目的にしています。豊島区での経緯が記述してありますが、できるかぎり一般理論として実証的な検討をするように心がけました。参考

にしていただければ、それに勝る喜びはありません。

　地域コミュニティの衰退が言われて久しく、その再生の道のりは未だに厳しい状況です。なくなったものは補うしかありません。CSW事業が、その一助になると確信して、この書籍を世に問います。

　私たちは、地域コミュニティを懸命に支えている自治町会や民生委員児童委員の皆さん、地域活動に励むすべての皆さんとともに引き続き歩んでいきたいと思います。

　書籍にまとめるにあたって、日々の忙しい活動のなか、実例をあげて記述いただいた各圏域のCSWに感謝いたします。

　最後になりますが、編集執筆委員の無理なお願いに、そのつど応えていただいた、中央法規出版の米澤昇さんに編集執筆委員一同感謝いたします。

2019年3月
編集執筆委員を代表して
常松洋介（豊島区保健福祉部長）
小花唯男（大正大学非常勤講師）

# 編著者・執筆者紹介

## 編著者
序章

田中英樹（たなか ひでき）：早稲田大学人間科学学術院教授。精神保健福祉士。北海道網走市生まれ。日本社会事業大学卒、日本社会事業大学大学院博士後期課程修了、博士（社会福祉学）、精神保健福祉士、医療社会事業員として27年間川崎市に勤務後、佐賀大学文化教育学部助教授、長崎ウエスレヤン大学教授を経て現職。2019年4月からは東京通信大学教授。NPO法人日本地域福祉研究所副理事長。豊島区保健福祉審議会会長。豊島区民社会福祉協議会地域福祉活動計画推進会議委員長。

第5章　第2節・第3節・第4節

神山裕美（かみやま ひろみ）：大正大学人間学部社会福祉学科教授。新潟県生まれ。大学卒業後、約15年間高齢者の相談援助や地域支援等に携わる。山梨県立大学人間福祉学部福祉コミュニティ学科准教授を経て現職。日本社会事業大学大学院博士後期課程修了、博士（社会福祉学）。豊島区保健福祉審議会副会長。豊島区民社会福祉協議会地域福祉活動計画推進会議副委員長。

## 執筆者（執筆順）
第1章　第1節・第2節・第3節

小花唯男（おばな ただお）：大正大学非常勤講師。法政大学社会学部卒。豊島区子育て支援課長、保育園課長、中央保健福祉センター所長、社会福祉法人豊島区民社会福祉協議会総務課長などを経て現職。2017年から「地域連携・貢献論（地域活動入門）」を担当。

第1章　第4節
横田　勇（よこた いさむ）：社会福祉法人　豊島区社会福祉事業団理事長。豊島区介護保険課長、子ども家庭部長、総務部長、社会福祉法人豊島区民社会福祉協議会常務理事・事務局長などを経て現職。

第1章　第5節・第6節
佐藤正俊（さとう まさとし）：社会福祉法人　豊島区民社会福祉協議会常務理事・事務局長。豊島区教育部長、健康担当部長、子ども家庭部長、区議会事務局長などを経て現職。

第2章
常松洋介（つねまつ ようすけ）：豊島区保健福祉部長。福祉総務課長、健康担当部長などを経て現職。

第3章　第1節・第3節
田中慎吾（たなか しんご）：社会福祉法人　豊島区民社会福祉協議会地域相談支援課コミュニティソーシャルワーク担当チーフ。法政大学現代福祉学部卒。

第3章　第2節
豊島区民社会福祉協議会地域相談支援課　コミュニティソーシャルワーカー（五十音順）
石田美枝、石原結美、石森麻里子、岡村幾冬、恩田美子、川人弓枝、小暮　暁、鈴木康修、鈴木佑佳子、髙梨彩華、多村　恵、所　満紀子、野口茉衣、松里佳奈子、三浦恵里、宮坂　誠、森下奈々、森田陽子

第 4 章
大竹宏和（おおたけ ひろかず）：社会福祉法人　豊島区民社会福祉協議会地域相談支援課長。1985 年入職、各事業担当、地域福祉推進課長を経て現職。大正大学文学部社会学科卒。

第 5 章　第 1 節
石川到覚（いしかわ とうがく）：大正大学名誉教授。大正大学カウンセリング研究科修了後、国立精神衛生研究所から神奈川県立精神衛生センター（〜 1978 年）を経て、大正大学人間学部社会福祉学科および同大学院人間学研究科社会福祉学専攻教授を退任（2015 年）後、現職。その間、日本仏教社会福祉学会会長、日本精神保健福祉学会会長、日本精神保健福祉士養成校協会会長等を担った。

第 6 章
直江　太（なおえ ふとし）：豊島区保健福祉部福祉総務課長。高齢者医療年金課長、高齢者福祉課長などを経て現職。

## 社協・行政協働型コミュニティソーシャルワーク
### 個別支援を通じた住民主体の地域づくり

2019年 4月20日 発行

| | |
|---|---|
| 編　著 | 田中 英樹、神山 裕美 |
| 発行者 | 荘村 明彦 |
| 発行所 | 中央法規出版株式会社 |
| | 〒110-0016　東京都台東区台東3-29-1　中央法規ビル |
| | 営　　業　TEL 03-3834-5817　FAX 03-3837-8037 |
| | 書店窓口　TEL 03-3834-5815　FAX 03-3837-8035 |
| | 編　　集　TEL 03-3834-5812　FAX 03-3837-8032 |
| | https://www.chuohoki.co.jp/ |
| ブックデザイン | 株式会社ジャパンマテリアル |
| 印刷・製本 | 株式会社ルナテック |

ISBN978-4-8058-5866-0

定価はカバーに表示してあります。落丁・乱丁本はお取り替えいたします。
本書のコピー、スキャン、デジタル化等の無断複製は、著作権法上での例外を除き禁じられています。また、本書を代行業者等の第三者に依頼してコピー、スキャン、デジタル化することは、たとえ個人や家庭内での利用であっても著作権法違反です。